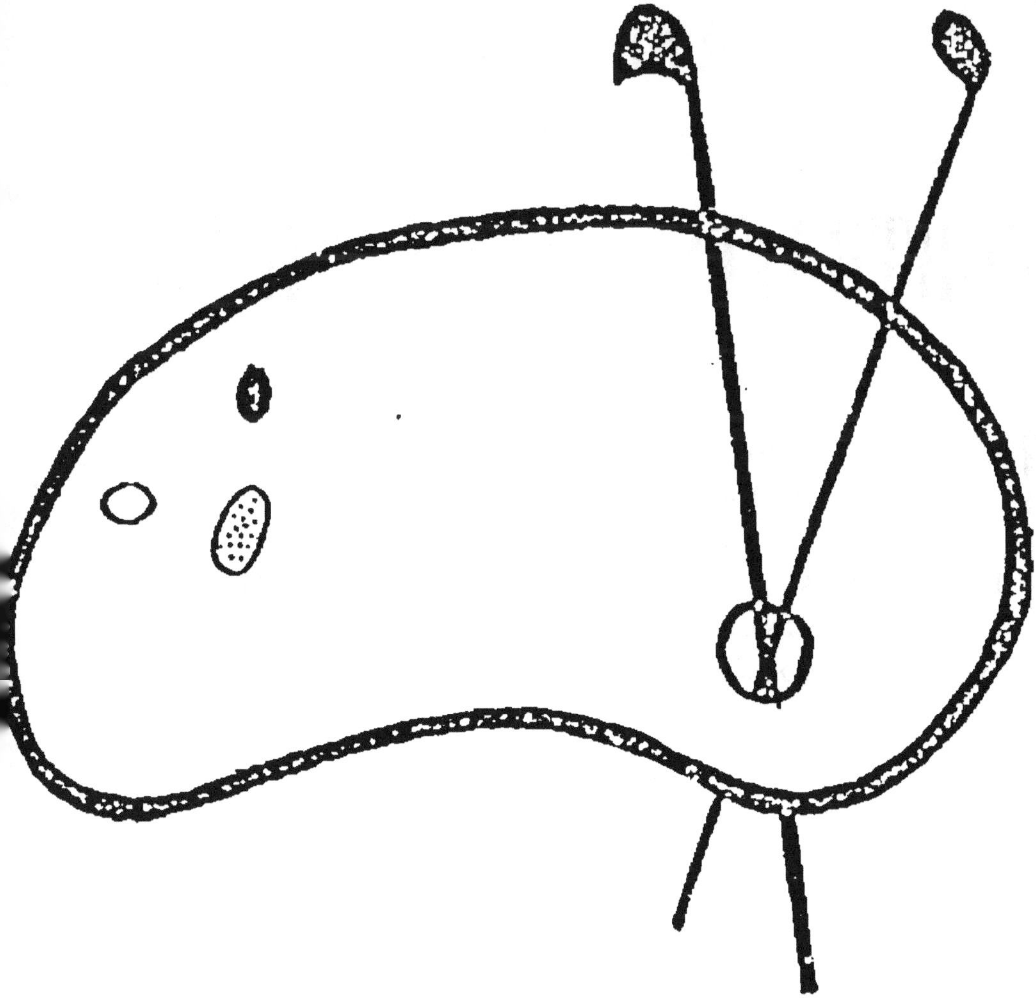

COUVERTURE SUPERIEURE ET INFERIEURE
EN COULEUR

MICHEL SALOMON

ÉTUDES
ET
PORTRAITS LITTÉRAIRES

TAINE, BARBEY D'AURÉVILLY
GUY DE MAUPASSANT, PIERRE LOTI
E. ET J. DE GONCOURT
E. LINTILHAC, OLLÉ-LAPRUNE, Mme SÉVERINE
CH. VINCENT, LE PÈRE OLLIVIER
WALDECK-ROUSSEAU, JULES TELLIER, AMIEL

PARIS
LIBRAIRIE PLON
E. PLON, NOURRIT ET Cie, IMPRIMEURS-ÉDITEURS
RUE GARANCIÈRE, 10
—
1896

A LA MÊME LIBRAIRIE :

Un artiste : **Le Père F. Imbert,** de la Société de Marie. **Pensées, fragments et lettres.** Un vol. in-18 avec un portrait. Prix. . . . . 3 fr. 50

La Fontaine moraliste, par le vicomte DE BE... In-18. 3 fr. 50

Le Roman en France pendant le XIXᵉ siècle, par Eugène GILBERT. Un vol. in-18. Prix. . . . . 3 fr. 50

Études sur la littérature, depuis Homère jusqu'à l'école romantique, par M. ARTAUD, recteur de l'Académie de Paris, inspecteur général de l'Université, recueillies et publiées par le fils de l'auteur. Un vol. in-8º. Prix. . . . . 6 fr.

Autour de Molière, par Auguste BALUFFE. In-18. . . 3 fr. 50

Un homme de lettres. **Paul Féval,** par A. DELAIGUE. Un vol. in-18. Prix. . . . . 3 fr. 50

Essais sur Balzac, par Paul FLAT. Un vol. in-18. . . 3 fr. 50

Seconds Essais sur Balzac, par Paul FLAT. In-18. 3 fr. 50

Histoire élémentaire de la littérature française depuis l'origine jusqu'à nos jours, par Jean FLEURY, lecteur en langue française à l'Université impériale de Saint-Pétersbourg. 10ᵉ édition, corrigée et augmentée. Un vol. in-18. Prix. . 4 fr.

Portraits et Souvenirs littéraires, par Hippolyte LUCAS, avec des lettres inédites d'écrivains contemporains. Chateaubriand, mademoiselle Mars, Gérard de Nerval, Charles Lassailly, Choudesaigues, Victor Hugo, Rossini, Daniel Manin, Auguste Brizeux, Évariste Boulay-Paty, Élisa Mercœur, mademoiselle Péan de La Roche-Jagu, Vivier, l'empereur du Brésil. Un vol. in-18. Prix. . . . . 3 fr. 50

Études littéraires et historiques, par Henri PRAT. Dix-huit vol. in-18, se vendant séparément. Prix de chaque vol. . 4 fr.

Contes et Fables, par le comte Léon TOLSTOÏ, traduits avec l'autorisation de l'auteur par E. HALPÉRINE-KAMINSKY, précédés d'une préface de l'auteur. Un vol. in-18. Prix. . . . . 3 fr. 50

Études littéraires. *Un poète comique du temps de Molière* (Boursault, sa vie et ses œuvres) — *La renaissance de la poésie provençale,* par SAINT-RENÉ TAILLANDIER, de l'Académie française. Un vol. in-18. Prix. . . . . 3 fr. 50

ÉTUDES
ET
PORTRAITS LITTÉRAIRES

L'auteur et les éditeurs déclarent réserver leurs droits de reproduction et de traduction en France et dans tous les pays étrangers, y compris la Suède et la Norvège.

Ce volume a été déposé au ministère de l'intérieur (section de la librairie) en mai 1896.

PARIS — TYP. DE E. PLON, NOURRIT ET Cⁱᵉ, 8, RUE GARANCIÈRE. — 1409.

MICHEL SALOMON

ÉTUDES
ET
PORTRAITS LITTÉRAIRES

TAINE, BARBEY D'AURÉVILLY
GUY DE MAUPASSANT, PIERRE LOTI
E. ET J. DE GONCOURT
E. LINTILHAC, OLLÉ-LAPRUNE, Mme SÉVERINE
CH. VINCENT, LE PÈRE OLLIVIER
WALDECK-ROUSSEAU, JULES TELLIER, AMIEL

PARIS

LIBRAIRIE PLON

E. PLON, NOURRIT et Cie, IMPRIMEURS-ÉDITEURS
RUE GARANCIÈRE, 10

1896

Les articles qui composent ce volume ont paru à la *Gazette de France*, au *Journal de Genève*, à la *Quinzaine* et au *Journal de Marseille*.

TAINE

Je viens de vivre deux mois dans l'exclusive société des livres de Taine, et j'en ai de l'éblouissement, du vertige et, l'avouerai-je, de la courbature. Car cette œuvre est forte, brillante, aventureuse et ardue. Elle vous fait monter aux plus hauts « belvédères » de la pensée, mais par des pentes scabreuses, où le pied manque, où l'on oscille au bord du vide, et elle vous laisse sans support au-dessus de l'abime. Puis, tant de sujets touchés, et si divers : philosophie, littérature, histoire, voyages, esthétique, fantaisie,... et un système immuable, des catégories, des cadres fixes, des compartiments, où tout s'ordonne, se case, se tasse, de gré ou de force. Si bien que les choses les plus fluides, telles que le rêve du poète ou de l'artiste, s'y trouvent prises et contraintes. Ajoutez la tension continue de la forme.

Car je ne sais pas de style plus voulu, moins *venu,* avec ses métaphores obstinément suivies, ses énergies méditées, ses redoublements, ses martelages. Et tout cela fait quelque chose de trop dense et de trop dur, et l'on se sent comme bâtonné.

Taine philosophe par toute son œuvre et dans tous les actes de sa vie; quand il va à la comédie, quand il lit un roman ou une fable, quand il regarde un tableau, quand il se promène, quand il badine, même quand il caresse son chat. Mais il philosophe aussi *ex professo.* Et quiconque ignore l'auteur de l'*Intelligence* ne peut connaître dans son fond le critique d'art, non plus que l'historien de la littérature anglaise et de la France contemporaine.

Il a commencé tôt et de la manière dont, toute sa vie, il devait continuer. A l'École normale, il se révélait observateur, curieux de faits, et, au témoignage de ses amis, il possédait sur fiches une encyclopédie. On sait si, depuis, son recueil s'est accru. Jamais il n'a cessé d'entasser les documents. Et combien de fois les a-t-il préconisés comme la matière de toute science, les faits, « les tout petits faits bien choisis, importants, significatifs, amplement circonstanciés et notés »! L'un des types de penseurs opposés par lui à ces « philosophes classiques » qu'il raille si terriblement, M. Pierre les collectionne sans relâche. Le porte-crayon de ce savant scrupuleux, ce porte-crayon toujours garni de mine, ne lui sert qu'à cela. Il les met en cartons. Et quelle place tiennent dans son cabinet les mémoires d'académies, les journaux scientifiques, les catalogues de toute espèce, les herbiers, les squelettes...

Quelque chose pourtant a devancé et primé, chez le psychologue de l'*Intelligence,* l'amour du fait. C'est le goût des grandes synthèses, des généralisations hardies. Une note de son « directeur des études », M. Vacherot, nous renseigne curieusement à cet égard : « Conçoit, juge et *formule trop vite. Aime trop les formules et les définitions auxquelles il sacrifie trop souvent la vérité,* sans s'en douter, il est vrai, car il est d'une parfaite sincérité. » Si observateur qu'il soit, et si consciencieux, il faut surtout voir en lui un esprit absolu, *à priori.*

A vingt et un ans, lorsqu'il écrivait à Paradol : « Je veux être philosophe », se flattant d'entendre « tout le sens de ce mot », la philosophie le séduisait comme une simplification grandiose, une réduction de la réalité en formules, mieux encore, en une formule : « Tout livre et tout homme, répétait-il, peut se résumer en cinq pages, et ces cinq pages en cinq lignes. » Tout livre et tout homme, ce n'était pas assez dire, et, nous le savons, il pensait plus : toute époque, toute civilisation, tout art, toute science, et tout enfin, esprit et matière. Déjà, — même dès le lycée, racontent ses intimes, — il était pénétré de Spinoza, et assis dans son déterminisme. Il s'y fixa pour toujours.

I

Un mécanisme ayant pour moteur central la *nécessité*, et ne laissant rien hors de l'action automatique de ses rouages, tel lui apparaissait le monde. « Il n'y a rien de contingent dans la nature des êtres; toutes choses, au contraire, sont déterminées par la nécessité… » Il fit sienne cette proposition de l'*Ethique*. Il emprunta au maître son assimilation de la philosophie à une *mathématique,* envisageant le monde comme le développement d'un théorème. Et s'il n'en raisonna pas comme lui, par « propositions », « démonstrations », « scholies », c'est qu'il était artiste. On l'a appelé le poète de la métaphysique; on a dit : « Taine, c'est la pensée de Spinoza projetée à travers l'imagination de Shakespeare. » Sous sa plume, en effet, les formules prennent corps, les abstractions deviennent des êtres. Son invention pittoresque anime cette « géométrie ». La *nécessité,* ressort idéal de son dynamisme universel, s'incarne en je ne sais quel monstre armé de tentacules formidables, « tenailles d'acier » qu'il enfonce et serre au « cœur de toute chose vivante ».

Il entend bien que rien n'y échappe, et nous allons voir que rien n'y échappera. Un philosophe, a-t-il avoué lui-même, « atteint toujours son but. Rien de plus pliant que les faits; rien de plus aisé qu'un système. »

Et quoi donc résisterait à ces pinces gigantesques? Le monde se compose d'esprit et de matière. Or, est-ce la matière qui essayera une rébellion? Fût-elle une substance, comme le soutient le vieux spiritualisme, et recelât-elle de ces « essences occultes », de ces puissances impondérables qu'on appelle des *forces*, elle n'en serait pas moins disciplinable au déterminisme. Mais ces « vertus » ou « pouvoirs » n'ont pas d'existence réelle. La *force* est une « entité verbale », un préjugé scolastique. Tout au plus le mot mérite-t-il d'être gardé comme terme explicatif d'une succession de phénomènes. Tel cheval a la force de traîner tel chariot. Cela veut dire que, les muscles du cheval étant contractés, le chariot avancera. Il n'y a là qu'une « liaison », un « rapport » entre deux faits, d'antécédent à conséquent. C'est par une fiction du langage que nous y voyons autre chose; nous sommes dupes de notre terminologie, le mot engendre le fantôme. La matière même, en tant que substance, est « illusion métaphysique ». Elle n'a pour nous de réel que les faits de conscience qu'elle provoque en nous : sensations de couleur, de son, d'odeur, de résistance, de poids, de mouvement... Et, en soi, elle n'est que ces phénomènes actuels ou possibles, groupe, série, que nous unissons sous un nom substantif, table, cloche, fleur... pour la commodité du discours. En d'autres termes, il n'y a pas de corps, mais seulement des faisceaux d'événements psychologiques, présents ou futurs.

Mais cette conscience, ce *moi*, par lequel valent, existent les choses, il doit tomber aussi sous les prises du monstre. Qu'on ne s'avise point d'en faire une citadelle de liberté. Pour devenir cette citadelle, il faudrait d'abord qu'il existât. Or, il est une autre « entité scolastique ». C'est même par lui que Taine a commencé ses destructions de « fantômes », anéantissant les corps, en quelque sorte, par voie de conséquence. Comme la matière et avant elle, il l'a réduit à un composé d'événements, une « ligne », une « trame d'états successifs », sensations, images, souvenirs, idées, volitions... Lorsque nous détaillons ses facultés, attributs ou qualités, c'est pur artifice de langue, pour classer des faits. Le *moi* n'est autre chose que la « file » de ses phénomènes ; eux ôtés, « il ne serait plus rien, ils le constituent ». Pris en soi, il n'a qu'une existence verbale ; il s'évanouit à l'analyse. Ainsi, cette conscience, lieu du monde, se dissout. Le philosophe de l'*Intelligence* prend même un particulier plaisir à démontrer son néant, et il est étrange de voir ce psychologue qui ramène tout à la psychologie, l'histoire aussi bien que la métaphysique, s'acharner avec cet entrain contre l'objet propre de sa science.

C'est que, pour la simplification de son mécanisme, il veut alléger l'univers des substances. Aussi les abolit-il où qu'il les rencontre, et il en pourchasse l'idée même. Il proclame avec Hegel que la nature n'a pas de fond. En quoi il se sépare de son premier maître. Car Spinoza réduit bien les corps et les esprits à l'état de simples *modes,* et pour lui, sans doute, tout est *adjectif* — sauf le grand substantif, sa substance-dieu, support du monde.

Taine, lui, a rejeté ce *substratum.* De la proposition fameuse de l'*Ethique,* il n'a retenu que la *nécessité,* et il prétend qu'elle lui suffit.

Voyez, en effet, comme, par sa vertu, tout s'ordonne et se hiérarchise ! Tout fait est solidaire et complémentaire d'un groupe, dont chaque unité nécessite les autres. J'explique. Dans un animal, les instincts, les dents, l'appareil digestif, l'éminence articulaire des os, les organes moteurs, sont des composants en relation telle qu'une variation de l'un d'entre eux détermine dans chacun des autres une variation correspondante, et qu'un naturaliste habile peut, sur quelques fragments, reconstruire par le raisonnement le corps presque tout entier. Autant de faits donc liés entre eux par une solidarité nécessaire. Mais ils ont de plus un point central de convergence et une subordination commune. Tous concourent à la réalisation du type; tous dépendent du type. Ainsi le type est le « fait dominateur », — Hegel dirait « l'idée », — qui assemble et produit les autres. Sa notion résume leur groupe, et il nous suffit de la définir pour l'avoir tout entier en raccourci. De même, la formule du rectangle en révolution autour d'un de ses côtés pris comme axe exprime le cylindre. En tout, de cette façon, on peut dégager le « facteur », le « cristal primitif ». Et voilà comment la réalité concrète, immense complexité, se résout en des éléments simples, ses *lois*, ses *causes*, — Taine use indifféremment des deux termes.

Mais ces causes mêmes, ces lois, sont à leur tour les composants nécessaires de groupes sur lesquels l'opération peut se renouveler. Sans doute, chacune gouverne une infinité de rencontres; mais d'autres les dominent elles-mêmes par séries. En géométrie, par exemple, les propriétés des surfaces, des solides et de toutes les formes concevables dérivent des propriétés des lignes, qui se tirent de deux ou trois notions primordiales. La loi mécanique de la conservation de la force en commande une foule d'autres. C'est la tendance de toutes les sciences de se résumer en quelques propositions générales dont le reste puisse se déduire. Une hiérarchie donc s'échelonne parmi les faits dominateurs. Une « pyramide de nécessités » monte. D' « abstraits » en « abstraits », les formules se superposent de moins en moins nombreuses, de moins en moins dérivées, jusqu'à l' « axiome » suprême qui exprime la totalité des êtres, comme une équation exprime une courbe.

Nous voilà sur la haute terrasse d'où le philosophe nous invite à contempler le monde. Et nous nous penchons sur le vide, et le point même où nous posons le pied ne nous soutient pas. Sous la critique de ce positiviste, la matière s'est désagrégée, pulvérisée en particules dernières qui ne sont même pas des atomes, mais des centres géométriques de mouvements. Cet idéaliste a qualifié d' « illusion » l'être spirituel. Que reste-t-il qu'un jeu d'abstractions? Mouvements sans mobiles, sensations sans sujets, reliés par un réseau de formules, dessin sans fond, tracé de lignes idéales.

Il est vrai qu'il a colorié son épure. Les « événements » qui constituent les esprits et les corps, les « courants » de phénomènes qui composent la figure de l'univers jaillissent comme des feux d'artifice dont les fusées se croisent, mêlent leurs trajectoires dans l'immensité de l'espace et du temps. De sorte que le flux des êtres s'écoule comme une succession de météores et que la nature ressemble à une « grande aurore boréale ». Ou bien la « proposition première », « créatrice universelle », qui, par les séries étagées de ses subordonnées, régit en ses derniers détails la multitude disséminée des faits sensibles, devient un jet d'eau dont la gerbe de sommet s'étale sur un premier plateau pour descendre, de vasque en vasque, en nappe ou en poussière, jusqu'au bassin où nous trempons nos doigts.

Tel est le système. Notre objet n'est pas de le discuter, mais de le définir sommairement pour en montrer, dans l'œuvre variée de son auteur, l'application suivie.

Système hybride où Spinoza et Stuart-Mill se heurtent sans que Hegel les réconcilie. Comment l'empirique collectionneur de faits, ne croyant qu'à ce qui est expérimentalement vérifié, en vient-il à ce dogme de la *nécessité?* Car c'en est un, quelque nom qu'il lui donne; c'est une foi qu'il réclame de nous, l'expérience pure mettant sous nos yeux la *réalité*, non la *nécessité* des choses (1). Deux races d'esprit se rencontrent en Taine et se contrarient. Le positiviste ne réussit pas à empêcher le poète constructeur de synthèses de dire, malgré tout, son mot sur l' « inconnaissable ». Et ce poète est impérieux. Il enjoint à la réalité de se conformer à son rêve, et, pour l'y contraindre, nulle violence, j'allais dire nulle amputation, ne lui coûte. J'entendais, à ce propos, une jolie boutade d'un éminent physicien : « Taine dessine un cube puis il déclare : « Voilà le monde ! » et tout ce qui déborde les faces du cube, il le guillotine. » Oui, dût son couperet supprimer la personne humaine.

Voyons comment ce systématique en a usé en histoire, puis en art. Nous verrons ensuite quelle espèce de violence il a exercée sur lui-même, — je veux dire sur son style.

(1) L'erreur de Taine est d'étendre aux lois physiques le caractère nécessitant des lois mathématiques. Notons, du reste, que l'absolu de la géométrie est devenu problématique depuis les études fameuses connues sous le nom de *Géométrie générale*. — Voir le livre de M. Boutroux : *De la contingence des lois de la nature*. — Voir aussi les *Essais* de M. de Freycinet sur la philosophie des sciences.

II

Avant de devenir historien, au sens exact du terme, Taine avait arrêté depuis longtemps et formulé sa conception de l'histoire.

C'est pour lui un problème de psychologie; il s'agit de pénétrer l'âme d'un peuple, d'une civilisation. Mais l'âme, nous savons ce qu'il entend par là : un groupe de puissances, ou mieux, de faits. Car tout se réduit à des faits, et il n'a garde de ressusciter en histoire des « entités verbales » qu'il s'est acharné à détruire en philosophie.

Il faut donc observer ces faits, les noter et démêler celui qui, assemblant et dominant les autres, doit être pris pour leur facteur et leur loi.

Car le déterminisme qui gouverne le monde nous assure que les « formes spirituelles », comme les corporelles, dérivent d'un élément géométrique qui est seulement à découvrir.

Et nous voici à « l'homme théorème » et aux peuples théorèmes et aux siècles théorèmes.

On connaît le chapitre de ses *Philosophes classiques* où Taine trouve le secret de faire tenir au large dans une demi-ligne toute l'histoire de Rome, « d'enfermer douze cents ans et la moitié du monde antique dans le creux de sa main ».

De même il enferme le moyen âge en deux mots de formule, et la simplification est assez osée et arbitraire pour être prise comme caractéristique de sa méthode.

Pour lui, la grande « disposition primitive » qui domine cette époque, c'est la terreur et en même temps le dégoût de la vie, la mélancolie noire. Tout sort de là. Étant donné cet état d'âme, rien d'étonnant, d'abord, à ce que les couvents se peuplent. Puis le même effroi qui pousse les uns hors du monde fait naître chez les autres une « exaltation nerveuse » favorable aux délicatesses du cœur. Donc voilà des gens qui « rêvent, pleurent, s'agenouillent... imaginent des douceurs, des transports, des tendresses infinies », bref, voilà des gens « disposés à aimer ». Et du coup, naissent la chevalerie et les cours d'amour. Les cathédrales aussi... Suivons bien. « Le dégoût du monde et l'aptitude à l'extase, le désespoir habituel et les besoins infinis de tendresse » devaient naturellement pousser les hommes vers le christianisme qui, par ses dogmes consolants ou menaçants, par l'infini de la « terreur » et l'infini de l' « espérance », satisfait « la sensibilité endolorie ou frémissante ». Et les églises gothiques ont surgi.

Pourquoi gothiques? Pourquoi, au lieu de la rondeur de l'arcade, la brisure de l'ogive; au lieu de la colonne, le pilier; au lieu de la forte assiette, de l'équilibre des lignes simples, les flèches vertigineuses et fragiles, les voûtes démesurées que les contreforts soutiennent comme des béquilles, et le peuple de monstres qui vomit l'eau des gargouilles, et le peuple de saints qui prie sous les voussures, enfin les meneaux qui s'enchevêtrent, les nervures qui se tordent, les pierres ciselées et ajourées? Parce que cette végétation, cette broderie surabondante, l'étrangeté de ces formes ruineuses expriment « l'intempérance » d'une « fantaisie maladive ». Ce n'est pas tout. A des imaginations « délicates et surexcitées comme celles-ci » il faut du symbolisme. De là, la croix du transept, l'épanouissement des rosaces, tout ce qu'il y a de figuratif dans l'ornementation et les proportions de l'édifice. Puis des gens si tourmentés et si peu sains d'esprit ne se plaisent point à la claire lumière;

il leur faut une « ombre lugubre et froide » où plongent seulement la « pourpre ensanglantée » et les « mystiques flamboiements » des vitraux. Apercevez-vous comme cela se tient? Le raisonnement est impeccable. D'un bout à l'autre de la chaîne, il ne manque pas un maillon.

Qu'on n'objecte pas les grands faits littéraires ou autres qui contrarient la thèse. Qu'on ne parle pas des fabliaux, farces, soties, qui témoignent, je crois, d'assez de liberté d'esprit et qui sont un peu gais pour des affolés de terreur religieuse. Qu'on ne parle pas non plus des bouffonneries qui s'étalent avec tant de hardiesse sur ces cathédrales, œuvres d'épouvantement mystique : mascarons qui grimacent, juchés aux angles des tours, accrochés aux chapiteaux, embusqués parmi les bas-reliefs des portails et jusque sous les accoudoirs des stalles; singes polissons qui figurent la malice des femmes; démons entreprenants qui lutinent de dévots personnages en prière. Qu'on ne jette pas, à travers le moyen âge rêvant et pleurant de Taine, ce monde pullulant de facéties et de gausseries. Les architectes de belles constructions mentales ne veulent pas être dérangés dans leurs alignements symétriques.

C'est un chapitre de la *Philosophie de l'art* que je viens d'analyser. Par une nécessité qui s'expliquera, l'historien, chez Taine, accompagne toujours l'esthéticien. Venons maintenant à l'œuvre proprement historique qui a épuisé son dernier effort.

Les *Origines de la France contemporaine* contiennent de salutaires vérités dites avec éloquence, avec courage. Étranger aux partis, bien que classé dans l'un d'eux par l'opinion, l'auteur a osé mécontenter ceux qui jusqu'alors l'avaient applaudi. C'est de la probité vaillante. Jamais l'incapacité et la présomption des premiers gouvernants de la Révolution, les menées ouvertes ou occultes de la minorité démagogique, les usurpations et les attentats des clubs, puis la légalité jacobine, la grande tuerie, le délire homicide de la Convention n'avaient été dénoncés et jugés avec cette abondance de preuves et cette énergie vengeresse. Hors de la politique, la droiture de l'homme a inspiré à l'historien des pages de sincérité superbe. Ce libre penseur a écrit sur les bienfaits de l'Église quelques-uns de ses plus beaux morceaux. Le déterministe qui estimait illusoire toute morale transcendante a évalué « l'apport du christianisme dans nos sociétés modernes ». Il a supputé « ce qu'il y introduit de pudeur, de douceur et d'humanité, ce qu'il y maintient d'honnêteté, de bonne foi et de justice ». Et, tout compte fait, il déclare que « ni la raison philosophique ni la culture artistique et littéraire..., aucune administration, aucun gouvernement ne suffit à le suppléer dans ce service. *Il n'y a que lui pour nous retenir sur notre pente natale* (1). » — Rapprochez la fameuse phrase trop citée sur le vitriol et le sucre. — Donc c'est un livre loyal que les *Origines,* et de plus un livre de haute portée par l'autorité de ses condamnations et le désintéressement de ses apologies. Je ne parle pas du talent qui s'y déploie. L'écrivain et le penseur s'y montrent au plein de leur force. J'ai peur cependant que le système n'opprime l'œuvre et ne l'empêche d'être autre chose qu'un essai magnifique.

Et d'abord, M. Edmond Biré l'a relevé avec justesse, ce livre se tait sur les mouvements généreux, les nobles actions, les traits héroïques. Et ce n'est certes pas mauvaise foi de l'écrivain,

(1) *Les Origines,* t. VI, p. 119.

mais pli de méthode, habitude de ne voir qu'une face des choses.

Ce tour d'esprit l'induit à une erreur plus grave que ces omissions, auxquelles, à la rigueur, on supplée. Car il y va à peu près de toute la philosophie de l'ouvrage.

Quand je vois « l'esprit classique », défini la foi dans la raison abstraite, déclaré responsable de désastreuses méprises, je conviens qu'il y a du vrai. Ç'a été folie de détruire, au profit d'un organisme factice, conçu *à priori*, l'organisme naturel élaboré par les siècles, le vieil arbre qui portait « dans ses couches superposées, dans ses nœuds, dans ses courbures, tous les dépôts de sa sève ». Mais si l'on impute à cette « forme fixe d'intelligence » la Révolution et tout dans la Révolution, erreurs et crimes, anarchie, dictature, jusques et y compris l'Empire et l'actuelle omnipotence de l'État, je pense qu'on élimine ou qu'on oublie ou qu'on fausse quelque chose. Non, la « raison classique » n'a point tant fait qu'on veut le dire. Elle n'était pas née quand commença la ruine des pouvoirs locaux et la centralisation du royaume de France. Les consciences jacobines qu'elle a déchargées de scrupules étaient allégées d'avance. Et puis, pourquoi négliger les causes extérieures? L'invasion n'at-elle pas influencé le terrorisme? et l'émigration? Enfin, cette « doctrine », il ne faut en extraire que ce qu'elle contient. Elle commence, dit-on, à Malherbe et à Balzac, elle dure jusqu'à Delille et Fontanes, et l'on donne comme l'un de ses articles la croyance à la bonté native de l'homme. Or qui, dans ces deux siècles, a formulé pareil optimisme? Bossuet? La Rochefoucauld? Pascal? Le moraliste du *Traité de la Concupiscence?* ou le mortifiant analyste de l'amour-propre? ou l'ascète douloureusement attentif à la fermentation du « mauvais levain mis dans l'homme dès l'heure qu'il est formé » ? Que si l'on veut, à toute force, les comprendre avec Rousseau dans une catégorie arbitrairement définie, il ne faudrait pas cependant laisser croire qu'on leur attribue une collaboration quelconque au *Contrat social* (1).

Mais ce n'est point assez d'évoquer les institutions, régime, lois, mouvements ou convulsions politiques. C'est l'homme même que Taine prétend atteindre, « l'homme vivant, agissant, avec sa voix et sa physionomie, avec ses gestes et ses

---

(1) Voir à ce sujet la remarquable étude de M. BRUNETIÈRE, *Histoire et littérature*, t. III.

habits, distinct et complet, comme celui que nous venons de quitter dans la rue ». Pour cela, les instruments requis sont, dit-il, l'analyse du critique et la divination de l'artiste, quelque chose du « génie sympathique » d'un Shakespeare, d'un Saint-Simon, d'un Stendhal, d'un Balzac, ces connaisseurs d'âme de métier et de génie (1). Ces instruments, il les décrit à merveille et il s'en sert avec bonheur. Veut-il peindre le peuple de France, à la veille de la Révolution, il mène son enquête par tout le pays, fouillant les archives, collectionnant les traits particuliers, amoncelant les détails menus. Puis, quand il possède une somme de faits significatifs, il synthétise. Et alors l'artiste intervient avec ses images simplifiantes. C'est lui, par exemple, qui embrigade en un corps les recrues d'émeute : affamés des villages et des campagnes, vagabonds, mendiants et brigands, porteurs de besaces et porteurs de bâtons, trainards de rues et rôdeurs de grands chemins, coquins disponibles de tous ordres. C'est lui qui leur souffle une âme collective et finalement incarne en un « colosse aveugle » leur fureur séditieuse. Pour

---

(1) *Histoire de la littérature anglaise*, t. V, p. 314.

remuer des masses, pour condenser les colères des foules en une poussée unique et violente, je ne vois guère d'égal à Taine que M. Zola, et quelques pages de *Germinal* me semblent seules comparables à certaines fins de chapitre de l'*Anarchie spontanée*.

Ce n'est pas que, là encore, le philosophe n'ait peut-être généralisé et unifié avec excès. Je crains aussi qu'il n'ait été dupe de sa formule, *Anarchie spontanée*. Ne dirait-on pas aussi juste *Anarchie machinée?* Mais la vérité abonde dans ce chapitre, qui restera une solide page d'histoire.

Où nous surprendrons mieux sur le fait l'homme à théorie, c'est dans la psychologie personnelle, à laquelle, du reste, il se plaît.

Étant donnée sa conception de l'homme, groupe de facultés mutuellement dépendantes et gouvernées par un fait dominateur, le problème, on le devine, se résout à dégager ce fait. Cette *loi* connue, on peut, en effet, tout en déduire, sûr qu'elle imprime à la machine « un système nécessaire de mouvements prévus ».

J'emprunte ces mots à la courte préface de l'*Essai sur Tite-Live*. C'est, en effet, sur l'historien latin qu'il tenta pour la première fois cette expérience de démontage. On sait sur quels individus éminents il l'a renouvelée.

Son Marat est une « mécanique à meurtre » qui a pour ressort le délire ambitieux. Son Robespierre, « suprême avorton et fruit sec de l'esprit classique », est un cuistre en qui tout procède de la cuistrerie, la médiocrité de l'esprit et les vices du cœur : dogmatisme creux, rhétorique, vanité, envie, rancunes… Si bien que son infatuation froide « équivaut à une fièvre chaude » et que du cuistre sort le bourreau.

Mais de tous les « systèmes » sur lesquels il a opéré, le plus fameux est celui qui s'appelle Napoléon. Cette fois l' « automate » grandissait jusqu'au géant. Il ne l'a pas diminué, quoi qu'on ait prétendu. Jamais la taille et la force du Titan n'avaient été plus puissamment figurées. Seulement le déterministe a cru découvrir dans un vice démesuré la pièce maîtresse qu'il cherchait, et il a tout fait tourner autour de ce pivot monstrueux. L'égoïsme, un égoïsme de dieu, subordonne en son Napoléon même le génie. C'est un « *moi* colossal » qui se dresse au milieu du monde, y étend « ses prises rapaces et tenaces », n'y souffrant aucune vie, « à moins qu'elle ne soit un appendice ou un instrument de la sienne ».

La métaphore certes n'est pas fausse tout à fait. L'Europe se rappelle jusqu'où s'arrondit le cercle d'action de cette « personnalité absorbante ». Mais songez que cet égoïsme doit nous expliquer tout l'Empereur et tout l'Empire, qu'il n'est pas un acte du chef d'État ni de l'homme que nous ne devions y rapporter. Absolu, sans relâche ni degré, il exclut ou annihile tout autre sentiment, il emplit et durcit tout l'être moral. Eh bien! je ne crois pas à cette pétrification. Si habituelle que puisse être l'insensibilité d'une créature humaine, elle a des intermittences. Il se glissait parfois autre chose que du calcul dans les familiarités de bivouac du *petit caporal*.

On réédite, ces temps-ci, des anecdotes touchantes sur cet être hors nature. M. Frédéric Masson le montre allant au mariage avec le désintéressement amoureux d'un sous-lieutenant, puis parcourant avec Joséphine — et avec d'autres — « toute la gamme des enfantillages du sentiment ». M. Arthur Lévy, dont le gros livre *Napoléon intime* pourrait s'intituler *Napoléon bonhomme*, conclut que le « haut sentiment familial, la bonté, la gratitude, la cordialité furent ses qualités essentielles ».

Ce n'est pas que je prenne au sérieux, d'un bout à l'autre, ces apologies. Mais enfin les faits, les « petits faits » s'alignent. Et il est de bonne guerre d'opposer à Taine ses propres armes.

« Comprendre la vie... », s'écrie-t-il quelque part. Oui, mais qu'elle est plus riche qu'il ne croit! Sève ou sang, floraison, parfum, ou sensation, action, mouvement, chaleur, lumière..., qu'elle organise les cellules d'une plante ou qu'elle batte dans des artères, qu'elle dorme dans les filaments d'une algue, dans une couche de lichen, ou qu'elle frémisse dans un cerveau, nulle formule ne l'exprime, et nulle figure. On ne l'emprisonne pas dans des graphiques réguliers. Souveraine, elle se joue à des combinaisons infinies ; elle afflue par des canaux sans nombre.

Et dans l'homme, de quelles complexités mystérieuses s'embrouille son jeu ! Faire le dessin d'une vie d'homme, tracer ses lignes directrices, et l'y jeter comme sur des rails dont elle ne déviera pas, Taine ne fut pas le premier à se laisser tenter par cette chimère. Personne avant lui, je crois, n'y avait employé autant de méthode et d'appareil. Mais « de bons autheurs », au temps de Montaigne déjà, s'étaient « opiniastrés » à unifier en une « constante et solide contexture » des existences illustres. « Ils choisissent, dit-il, un air universel, et, suivant cette image, vont rengeant et interprétant toutes les actions d'un personnage. » Bien plus, si les faits résistent, ils les forcent, ils les « tordent ». Or, Montaigne avertit ces « contrerolleurs » des actions humaines que, quoi qu'ils fassent pour les « r'apiesser et mettre à même lustre », ils en seront empêchés. Car ce n'est pas œuvre logique qu'une vie humaine, mais bien plutôt branle et incohérence. Nous ne sommes « que de lopins » ; en nous, « chaque pièce, chaque mouvement feit son jeu ».

Nous voici loin des rouages et des engrenages du déterminisme. Il n'explique pas plus les sociétés que les individus. Montaigne n'eût pas trouvé plus de vérité au dessin de la Rome mécanique qu'à celui du Napoléon mécanique. Il eût raillé ces épures anguleuses, lui qui vit si bien le flottant et l'ondoyant de toute vie.

III

En définissant le philosophe et l'historien, j'ai presque défini l'esthéticien.

Qu'est-ce, pour Taine, qu'un tableau, une statue, un roman, un poème? Une chose d'art, sans doute, mais surtout un document, un « signe ». La coquille fossile dit quelle sorte d'animal l'habita ; l'œuvre dit quelle sorte d'homme la fit. Débris morts l'une et l'autre, mais débris instructifs, elles ne valent que par là. Etudier un livre pour lui-même, c'est tomber dans une « illusion de bibliothèque ». Un livre est un homme qui nous parle ; sachons l'entendre, ce qui veut dire le comprendre, et en même temps distinguer le ton et le timbre de sa voix. Sachons aussi le voir.

Que doit nous figurer une tragédie grecque? Des Grecs, « c'est-à-dire des hommes vivant à demi nus, dans des gymnases ou sur des places publiques,... oisifs et sobres, ayant pour ameublement trois cruches dans leur maison, et pour provision deux anchois dans une jarre d'huile ». Qu'y a-t-il « sous les feuillets d'un poème moderne? Un homme comme Alfred de Musset, Hugo, Lamartine ou Heine, ayant fait ses classes... avec un habit noir et des gants, bien vu des dames... » Pourvu que notre éducation critique soit suffisante, nous lirons tout cela entre les lignes, et bien davantage; car l'homme intérieur nous apparaîtra en même temps que l'homme visible.

Et tout nous servira d'indice : « le choix des mots, la brièveté et la longueur des périodes, l'espèce des métaphores, l'accent du vers, l'ordre du raisonnement... » Nous n'aurons garde, au surplus, de négliger aucune information. Nulle démarche ne nous paraîtra oiseuse, nul détail trop infime. Sur le poète moderne, nous consulterons Balzac et les aquarelles d'Eugène Lami. Pour Byron, Taine va jusqu'à s'enquérir de ses habitudes de table et à relever des menus de souper.

Donc les faits encore pour éclairer l'œuvre, qui elle-même doit être prise comme un fait. Cela à seule fin d'atteindre l'homme intime. Et ainsi reparaît, dans le critique, l'historien, et, dans l'historien, le psychologue, — toujours avec sa méthode, ses principes connus, sa chaîne de lois.

Pour lui, Shakespeare tient en deux mots : imagination passionnée. De cette faculté maîtresse, tige merveilleuse, il fait sortir l'artiste et son œuvre « comme une fleur ».

Byron est un révolté ; il s'explique tout entier par là. Notons seulement qu'il l'est avec des passions anglaises : orgueil indompté, âpre amour de la lutte, folie sombre. Autant de caractères de *race*.

Nous n'avions pas encore écrit ce mot, et peut-être l'eussions-nous dû depuis longtemps. Il forme, avec deux autres, un trio dominant dans le vocabulaire de Taine. La « faculté maîtresse » n'y occupe pas une place égale. Et c'est justice. L'individu, en effet, ne vit point isolé ni indépendant; il est *situé* dans le temps et dans l'espace, et les faits dont il est le total, y compris ce fait dominateur, sont sous l'action de puissances coalisées qui se nomment la *race*, le *milieu* et le *moment*.

C'est surtout en littérature et en art que Taine applique cette théorie, développée pour la première fois dans la préface de l'*Histoire de la litté-*

rature anglaise. Mais, à vrai dire, on la découvre infuse partout dans son œuvre. J'aurais pu la signaler sous les images abondantes qui racontent les origines de Bonaparte : la tige toscane, la transplantation de la branche détachée, sa greffe sur les sauvageons corses, dans « une atmosphère assez rude pour lui conserver toute sa vigueur et toute son âpreté ».

Détaillons-en la formule :

La *race*, donnée primitive, « force distincte », supérieure aux deux autres ; car elle survit à tout. Rien n'oblitère ses linéaments primordiaux. Sous toutes les latitudes, à tous les degrés de civilisation, à toute heure de l'histoire, les grands traits originels persistent. Pour connaître les Anglais, il faut étudier les Saxons et les Normands, principalement les Saxons, puisque ces Germains, parents de leurs vainqueurs, les ont absorbés. Ainsi, l'*humour* de Swift ou de Carlyle, ce badinage froid, fait d'énormité et de violence, gageure d'absurdité solennelle et incongrue, vient tout droit des forêts de Germanie. Et à peine réussissons-nous à le comprendre, nous Latins, à qui manquent le mot et la chose.

Le *milieu*, c'est-à-dire les circonstances enveloppantes qui ajoutent leurs « plis accidentels et secondaires » au « pli primitif et permanent ». Tels l'aspect des lieux, le climat, les conditions politiques ou sociales... Quelle influence ont exercée sur le génie des Grecs leur soleil, leurs lignes d'horizon et les découpures de leurs côtes; sur les Anglais, leurs brumes; sur les Italiens, encore leur soleil !...

Le *moment*, faut-il expliquer que c'est l'heure de la production artistique? Cette heure même est une force qui agit avec les précédentes. « Outre l'impulsion permanente et le milieu donné, il y a la vitesse acquise. Quand le caractère national et les circonstances opèrent, elles n'opèrent pas sur une table rase, mais sur une table où des empreintes sont déjà marquées. » En d'autres termes, l'œuvre faite concourt à déterminer l'œuvre à faire. Que ne signifient pas ces seuls mots « : Avant ou après Corneille, avant ou après Molière » !...

Cela exposé, nous avons, je crois, toute la critique de Taine, au moins telle qu'elle s'est annoncée d'abord, car elle a donné plus que, formellement, elle n'avait promis. Indifférente par système à ce qu'on nomme le Beau, — « la science ne proscrit ni ne pardonne », — assimilant les œuvres humaines à des produits dont il faut seulement marquer les caractères et chercher les causes, elle entendait constater et expliquer; rien d'autre. Mais la force de sa logique intérieure et même ses affinités cherchées avec les sciences naturelles l'amenèrent à faire plus, à classer. Or, classer, c'est comparer, et comparer, c'est juger. M. Taine a donc jugé; si bien qu'on a pu dire que nul, dans ces derniers quinze ou vingt ans, n'avait « proscrit » ou « pardonné » davantage.

Quoi qu'il en soit, nous ne nous attarderons pas à contrôler les applications de son critérium, ni à voir si, par un détour et avec un appareil technique, il ne revient pas à peu près à l'ancienne esthétique. Nous allons nous tenir à sa formule essentielle et en vérifier l'exactitude.

Entendons-la bien — comme lui-même — dans son absolue rigueur. Dire que la race, le milieu et le moment sont des influences notables, ou, si l'on veut, des « conditions », ce n'est point assez au gré de ce déterministe. En art, comme en histoire et en philosophie, il pose son inévitable problème de mécanique. Écoles et œuvres sont des résultantes dont on vient de voir les composantes. Tout dépend de ces trois forces, de leur intensité, de leurs rencontres, combinaisons ou contrariétés. Reste seulement à les évaluer. Là, il est vrai, gît la difficulté, les choses morales n'étant point sujettes à précision comme les physiques. Mais cela ne trouble pas l'assurance du théoricien. Sans la « grossièreté visible de nos notations et l'inexactitude foncière de nos mesures », nous déduirions « comme d'une formule les propriétés de la civilisation future ». Ainsi s'offre le système dans sa netteté d'affirmation. La lettre à Havet (29 avril 1864), récemment publiée par M. Monod, ne l'atténue pas au fond. Taine, du reste, l'a maintenu tel dans les éditions successives de l'*Histoire de la littérature anglaise*.

Or, que vaut-il?

Quel appui trouve-t-il dans l'ordre naturel si souvent invoqué par son auteur? Et aussi quelle confirmation reçoit-il des faits esthétiques?

Les zoologistes, d'abord, reconnaissent-ils au caractère dominateur l'importance que Taine lui attribue? Nous ne le pensons pas. Ils en font un point de repère commode, un moyen de coordination élémentaire, presque de mnémotechnie pour la facilité des premières études. Ils se gardent d'y voir une loi, le principe absolu d'un ordonnancement anatomique. Nul caractère ne nécessite un ensemble déterminé. Il n'est point de fixité invariable dans les rapports des dispositions organiques ou des propriétés vitales.

Ainsi, rien dans la structure des vertébrés n'est leur propriété commune et exclusive. Par exemple, la symétrie des parties manque dans la famille des poissons pleuronectes, tandis qu'elle se rencontre chez les annelés. Impossible également d'indiquer dans l'organisation de tout mollusque, de tout zoophyte... un caractère tout à fait propre au plan de structure de ces embranchements et incompatible avec tout autre. De même pour les poissons, les insectes... Et dans le petit nombre de cas où la constance d'un caractère semble absolue, il est possible que cette fixité soit plus apparente que réelle et que des découvertes ultérieures la prennent en défaut. Là-dessus, qu'on lise M. Milne-Edwards(1), et l'on conclura que des chapitres de Taine sont à biffer.

Voici maintenant l'action du milieu singulière-

---

(1) *Introduction à la zoologie générale.* — Voir, sur la valeur scientifique du système de Taine, la « leçon » très serrée de M. Brunetière dans son *Évolution des Genres.*

ment réduite. Les biologistes observent que les fonctions organiques — le côté de l'existence le plus connexe aux conditions ambiantes — s'en affranchissent entièrement; à plus forte raison les instincts, les amours. D'une manière générale, d'ailleurs, ils reconnaissent quelle force défensive est la vie. Organisme implique résistance à des causes de dissolution constamment actives. Tout être animé lutte pour maintenir intact l'agrégat qui le constitue. S'il s'adapte à son milieu, — et il le faut bien, — il ne concède que le minimum. Ce que fait l'homme en se vêtant pour échapper aux influences caloriques de son habitat, tout animal le fait à sa manière, ou meurt. Si bien qu'on a pu définir la vie « une adaptation négative, antagoniste aux actions du dehors » (1).

Mais venons à la vérification directe.

Les Grecs ne sont pas le seul peuple qui ait vécu dans des conditions favorables de climat. Comment donc sont-ils le seul qui ait produit un Phidias? Comment surtout des tribus, leurs proches parentes, celles des Skipétars (Albanais), par exemple, se sont-elles attardées jusqu'à nos

---

(1) Émile HENNEQUIN, *La critique scientifique.*

jours dans un état de culture voisin de la barbarie (1)? Et si la bordure ouvragée de leurs côtes a contribué à leur éducation d'artistes, pourquoi des rivages d'une dentelure aussi fine n'ont-ils point développé le sens esthétique des Italiotes de la Grande-Grèce (2)? L'*Histoire de la littérature anglaise* restera un beau livre, quel que soit le sort de la thèse qu'il développe. Mais que devient cette thèse, s'il est vrai, comme l'écrivait l'autre jour avec désinvolture M. Augustin Filon, que l'Angleterre saxonne soit une *blague*? Quoi de plus différent que ces deux Français qui écrivirent en même temps, Rabelais et Calvin? Expliquera-t-on leur dissemblance par le nombre de lieues qui sépare Chinon de Noyon? MM. de Goncourt demandaient un jour à Taine où trouver la racine de l'exotisme de Chateaubriand, « cet ananas poussé dans une caserne ». De Corneille ou de Flaubert, qui est le Normand? Gœthe et Beethoven sont tous deux Allemands du Sud; Burns et Carlyle, Écossais. M. Hennequin remplit quatre pages de noms mis en regard

---

(1) Voir PERROT et CHIPIEZ, *Histoire de l'Art dans l'antiquité*, t. VI, p. 9.

(2) Voir ces considérations exposées avec beaucoup de force dans le livre déjà cité d'Émile Hennequin.

qui représentent, comme ceux-là, mêmes nations et mêmes époques et qui s'opposent aussi nettement.

Comment ces confrontations l'amènent-elles à une formule aussi fausse peut-être que celle dont elle est l'inverse? La question sort du cadre de cette étude. Retenons seulement les démentis infligés à Taine par l'histoire de l'art et des lettres. C'est beau, l'unité rigoureuse d'une doctrine, la symétrie logique. Si pourtant cette « réussite rare » qu'est le génie échappe à toute loi vérifiable, si cette *monade unique*, comme l'appelle Sainte-Beuve, refuse de se laisser enfermer dans des catégories, force est d'y renoncer.

IV

Une pensée systématique se fait une forme systématique. J'ai parlé de martelage. Le style de Taine enfonce méthodiquement les idées au cerveau de son lecteur. Qu'est-ce qui ressemble plus à des coups de marteau que ces impératifs si fréquents, ces brusqueries, ces saccades, ces sursauts de la phrase? Ajoutez le choc des mots mêmes. Si l'on essayait un pointage de ce vocabulaire, on verrait quelle place y tiennent les termes violents : « crispé, tendu, raidi, âpre, effréné, forcené » ... Parfois l'écrivain cherche l'effet de vigueur dans les allitérations, les assonances : « Ce n'est pas une révolution, c'est une dissolution » ... « Il faut que les pouvoirs publics s'accordent, sans quoi ils s'annulent... Il faut que les pouvoirs publics soient obéis, sans quoi ils sont nuls... »

Le plus souvent, c'est par les images qu'il veut frapper, et il les choisit du plus haut relief. Peut-être, d'ailleurs, est-ce chez lui besoin autant que volonté et calcul. « Il ne peut pas s'en tenir à l'expression simple ; il entre à chaque pas dans les figures, il donne un corps à toutes ses idées. » Je lui applique à la lettre son jugement sur Carlyle. La pensée abstraite ne lui suffit pas ; il faut qu'il la concrétise ; il ne saurait se passer de « toucher des formes ». Jusqu'à son livre de l'*Intelligence*, qui est plein de pittoresque. Même dans la pure philosophie, dans la définition des lois de l'esprit, il a besoin d'illustrer sa pensée ; il lui faut du sensible, du voyant, mieux encore, du chatoyant et de l'éclatant. Lisez le chapitre

Des signes en général et de la substitution, et vous verrez comment, sous un pareil titre, on peut donner une vue des Champs-Élysées, le portrait de lord Palmerston, la destruction du jardin des Tuileries, et quelques autres menus tableaux, tels qu'une flambée d'herbes sèches, en automne, à la nuit tombante. Plus loin il parle des défaillances de la mémoire, des lacunes qui « se font dans la trame des souvenirs, et vont s'élargissant comme des trous dans un vieux manteau ». Ailleurs, détaillant les fonctions des centres nerveux, il compare la cellule à un petit magasin de poudre, puis le mouvement intérieur de ses molécules à une figure de danse. Et la figure change ; après la valse, le menuet. Et les couples se renouvellent ; « les danseurs fatigués qui défaillent cèdent leur place à d'autres recrues toutes fraîches ».

Cela, c'est le jeu normal du cerveau. Comment figurera-t-il son jeu excentrique? Il dit des Mercutio, des Rosalinde, des Bénédict... qu'ils font faire des « cavalcades à leur esprit », ou que leurs entretiens sont des « mascarades d'idées ». Il écrit les « cassures du sentiment intérieur ». La pensée d'Hamlet, « comme une porte dont les gonds sont tordus, tourne et claque à tout vent ». L'idée fixe de Macbeth « tinte dans sa cervelle, à coups monotones et pressés, comme le battant d'une cloche ».

Avec un pareil style on excelle à peindre les outrances, et l'on s'y plait. Par contre, on méconnait la simplicité élégante, la douceur polie. Ainsi Taine méprise la correction ornée de Pope, si bien vengé d'ailleurs par Sainte-Beuve. Ce qui l'attire, c'est en tout l'excessif. Combien de fois a-t-il lutté d'énergie avec Michel-Ange, en décrivant l'anatomie de ses esclaves ou de ses prophètes : les raccourcis, les torsions, les montagnes de muscles soulevés, les tendons raidis!... Avec quel vertige il se penche sur ce « gouffre » de Shakespeare, et quelles pages il consacre à la bestialité de son Caliban et à l'encolure de son Ajax! Sur les mœurs de la Renaissance italienne, il a des insistances où la sensualité a sa part, où une complaisance se trahit pour l'animal humain sans frein de conventions sociales ni de moralité. Et je ne m'étonne pas le premier de rencontrer sous la plume de ce penseur austère certaines imaginations charnelles. Mais ce qui le séduit surtout, c'est la force, les hauts faits d'un Malatesta, d'un Castruccio Castracani... Que ses justes sévérités contre nos terroristes ne nous trompent pas. Il a pris plaisir à les peindre; il les a caressés, oserais-je dire, si le mot convenait aux brusqueries de sa brosse. Qu'on se rappelle son Danton, ce cyclope de la forge jacobine.

A remarquer les emprunts fréquents que sa rhétorique, — comme sa philosophie, — fait à l'ordre scientifique. Chimie, physique, mécanique, physiologie, métallurgie,... lui fournissent leurs lexiques spéciaux.

Il descend dans les mines, il entre dans les laboratoires, dans les amphithéâtres, toujours en quête du mot qui fera saillir son idée. Il compare l'ensemble des transformations qui constituent le « milieu moderne » au soulèvement d'un continent obligeant les espèces sous-marines qui respirent par des branchies à se transformer en espèces respirant par des poumons. Dans l'état où l'ont laissé Gœthe et Hegel, l'atelier des idées humaines flamboie à ses yeux comme un monstrueux haut fourneau où le minerai brut, empilé par étages, bouillonne pour descendre en coulées ardentes dans les rigoles où il se fige. Et les coulées jonchent le sol, et il faut mettre en œuvre cette matière, la refondre, l'épurer.

J'abrège. Taine pousse à bout ses métaphores,

à travers les alinéas et les pages. La chimère clopinante et dévorante chevauchée par son Robespierre tient cinquante lignes... Les fameux « atlas » de son Napoléon, près de cent. Parfois ses images enjambent d'un chapitre à l'autre.

Rien ne lasse son invention pittoresque. A tout prix il veut amener son idée au point de cristallisation où elle devient la pierre à facettes dure et brillante. Non pour le plaisir et par caprice d'artiste, mais pour qu'elle éblouisse et qu'elle porte coup.

Car, ne l'oublions pas, il entend imposer à autrui la tyrannie de doctrine que lui-même subit. Et tout lui est instrument de démonstration. D'un paysage, il fait un argument. La théorie des milieux s'embusque dans les bouquets d'aunes et les raies de peupliers du croquis champenois qui sert de vignette à son *La Fontaine*. Ses tableaux de Hollande concourent à une preuve. Aux Pyrénées, le bâton du touriste à la main, il va, obsédé de sa thèse, et il semble qu'il se soit promené dans la vallée d'Ossau tout exprès pour pouvoir dire une fois de plus : « La race façonne l'individu; le pays, la race... »

L'agrément de son œuvre en est certes diminué. Cette démarche de théoricien jamais distrait ne saurait aller sans raideur. A des manœuvres si rigoureuses, l'esprit le plus souple perdrait de l'aisance et du jeu. Non seulement le style de Taine, mais sa composition porte la marque de cette contrainte. Trop serré, a-t-on dit. Phrases, paragraphes, chapitres, toutes les parties se tiennent comme par des ferrures. Enfin un livre de Taine a trop l'air toujours, par sa forme même et son agencement, d'une entreprise sur la liberté de notre intelligence.

Il a dominé la pensée française durant un quart de siècle. La génération qui atteignit l'âge d'homme vers 1860 se prit d'enthousiasme pour sa méthode. Positiviste de tendance, l'enseigne expérimentale l'attira. Elle trouva une beauté imposante à ces formules si bien liées. Quant au postulat métaphysique où se suspend la chaîne, elle l'accepta en faveur du reste. Les systématiques sont toujours puissants. Plus ils demandent de sacrifices à l'autonomie intellectuel de leurs contemporains, plus ils en obtiennent. On suivit cet homme qui marchait avec tant d'assurance suivant un cordeau rectiligne, sans s'inquiéter si l'on irait avec lui donner du front contre les pierres d'angle de la réalité.

Divers ont été ses disciples. A son déplaisir, M. Zola s'est réclamé bruyamment de lui. M. Jules Lemaître, qui le jugeait naguère avec une concision singulièrement élégante, a reconnu lui devoir une partie de sa « substance morale ». M. Anatole France, qui fut jadis un de ses fervents, lui a rendu un bel hommage. Dans l'une de ses premières études de psychologie, M. Paul Bourget l'analysait avec le soin respectueux d'un disciple, encore qu'on le sentît tout près de l'indépendance. En quelques lignes, en effet, affleuraient les aspirations supérieures qui ont dicté à l'auteur des *Sensations d'Italie* et de *Cosmopolis* ses meilleures pages. Besoin d'une « transcription mystique et surnaturelle » du monde, aveu d'une inquiétude que la science ne peut guérir, on dirait le manifeste anticipé de « l'insurrection idéaliste » dont nous sommes les témoins.

Elle devait éclater. Nulle richesse pittoresque, nulle splendeur de forme ne pouvait racheter l'aridité foncière et les lacunes d'une doctrine qui entend soumettre à des calculs exacts toutes

choses, y compris le sentiment, la pensée, le
génie, la beauté. L'insuffisance a été sentie de
ces précisions numériques. On a aperçu dans
l'homme et ses œuvres l'élément irréductible qui
ne s'exprime point en chiffres. Et puis, un conflit s'est déclaré entre cette discipline brutale de
l'esprit et les élans du cœur. Que dis-je? La conscience même de Taine fut le théâtre d'une pareille lutte. Quelqu'un qui l'a bien connu (1)
disait, au lendemain de sa mort, le désaccord
douloureux qui, de jour en jour, s'était aggravé
entre les aspirations de son âme et les habitudes
de son intelligence.

De fait, l'existence de ce travailleur probe fut
pleine de vertus étrangères à sa philosophie. Il
avait une délicatesse native et une candeur que
la vie ne déflora point. Aussi bien ignora-t-il à
peu près la vie. Et il faut rapporter, sans doute,
à sa science toute de cabinet, à son inexpérience
du monde, sa grande erreur de philosophe et
d'historien. Il n'a pas vu le mouvant et le flottant
du réel; il a cru fixer l'insaisissable. Sainte-
Beuve lui reprochait de ne soupçonner pas la
distance des livres aux hommes. Mais à cela

(1) Le Vte E. MELCHIOR DE VOGÜÉ. Voir son récent volume
Devant le siècle.

peut-être a-t-il dû de garder la virginité de son
âme. Il avait, racontent ses amis, des naïvetés
exquises. Dans ses yeux de sexagénaire, on surprenait « le regard divin de l'enfant », un « étonnement incrédule » devant le mal (1).

L'inquiétude de ses dernières années était d'en
avoir causé sans le savoir. Il craignait d'avoir
froissé des croyances ou découragé des vertus. Il
disait : « Je n'aurais dû écrire sur la philosophie
qu'en latin, pour les initiés; on risque trop de
faire du mal aux autres. »

(1) Vte E. MELCHIOR DE VOGÜÉ, *loc. cit.*

BARBEY D'AURÉVILLY

CRITIQUE

Ils ont l'air graves, ces in-octavo que la librairie Lemerre nous donne d'année en année, sous ce titre : *les OEuvres et les Hommes,* — l'air lourds aussi; mais cela ne tient qu'à l'épaisseur du papier. Lourde, la prose de Barbey d'Aurévilly... Ouvrez, pour voir, un de ces volumes et regardez comme ces feuilles volantes, attachées d'un fil, frémissent, prêtes encore à voler, aussi vives, aussi jeunes que lorsqu'elles furent jetées au vent, voici trente, quarante ans et plus. Et c'est merveille, en vérité, que des articles au jour le jour, des pages de verve et de brio, toutes de pétillement et de mousse, tiennent encore et que cette mousse ne soit pas tombée.

Peut-être eût-on offensé ce singulier homme, si on lui eût prédit qu'il se survivrait comme journaliste. Il méprisait tant cette race d' « écriveurs » ! « M. Émile de Girardin, disait-il un jour, n'est pas un homme de lettres, c'est un journaliste. On est prié de ne pas confondre ces deux espèces. » Il accordait pourtant qu'un homme de lettres peut être journaliste « par-dessus le marché », et il avouait qu'il se rencontre des journalistes au-dessus de leur état.

C'est de ceux-là, sans doute, qu'il prétendait être quand il écrivait au *Pays* et au *Réveil,* et certes il en avait le droit. Pour personne plus que pour lui, la chronique ne fut œuvre d'art et aussi œuvre personnelle, j'entends une œuvre où la personne s'exprime. Car on peut le chercher là, dans ces morceaux détachés, sans chronologie et sans suite. On l'y trouvera tout entier, l'homme et l'écrivain.

L'homme, — c'est-à-dire avant tout le noble dépaysé, désorienté en démocratie, irrité des contacts qu'il lui fallut subir et aussi, au fond, du métier qu'il lui fallut faire. Car l'indispensable lui manqua pour s'affranchir des conditions de cette basse époque, l'argent ayant délaissé ce gentilhomme, comme tant d'autres, pour s'avilir en des caisses roturières. Et ne pouvant se mettre hors de son siècle, il s'évertua à s'en montrer différent. Différent, par les sentiments, par les goûts : culte de l'énergie, parce qu'il la jugeait « pulmonique » ; amour de l'excessif, ne fût-ce que pour étonner sa médiocrité. Différent même par le costume : points d'Angleterre à la cravate lamée d'or, gilet broché blanc et argent ou noir à liséré orange, que laissait voir le « raglan » doublé de soie blanche à torsades et à brandebourgs (1).

L'écrivain, — c'est-à-dire le furieux styliste, à la phrase « chargée jusqu'à la gueule » des mots les plus violents et des métaphores les plus explosives. Artiste, d'ailleurs, avec délicatesse quand il voulait, et avec finesse et avec de l'esprit à en revendre. Mais singulier toujours et *différent* dans sa prose comme dans ses habits, il gardait, la plume à la main, ses manchettes à la mousquetaire. Aristocrate enfin par la morgue de son esthétique, le ton impérieux de ses jugements, ses exclusions dédaigneuses et ses louanges aussi hautaines parfois que ses mépris.

Tel il fut, tel nous l'allons voir dans la moindre

(1) Voir sur ces fantaisies de costume les détails, plus singuliers encore, donnés par M. Charles BUET, dans son intéressant volume d' « Impressions et Souvenirs », qui a pour titre *J. Barbey d'Aurévilly*.

de ces pages colligées. Les gens de son tempérament se livrent dans un simple billet.

Il a écrit : « Ronsard était né grand seigneur comme il était né grand poète, — par le même hasard, diraient les sots. » Voyez-vous comme s'accordent le préjugé de l'homme de qualité et le goût de l'artiste! La critique des contemporains offrit à d'Auréville le prétexte, saisi maintes fois, de signifier d'encore plus impertinente façon son fait à « l'état populaire ». Car les œuvres imprimées de ce temps portaient à ses yeux, presque toutes, la salissure des « goujats maîtres du monde ». Comment, en effet, ne marqueraient-ils pas sur les livres la grossière empreinte de doigt dont ils estampillent le reste? Ils veulent dominer les lettres. Il leur faut des « flatteurs d'*assommoir* » ; ils les ont. Qu'ils n'oublient pas cependant de quelle pâte ils sont pétris, race d'esclaves et même de laquais ; qu'ils souffrent qu'un gentilhomme le leur rappelle. Laquais, c'est le qualificatif que d'Auréville décerne le plus volontiers. Il en accable à plaisir Rousseau, l'ancêtre de la démocratie régnante, à qui, en vérité, il était dû. On le sent prêt à tomber de ses lèvres lorsqu'il renvoie Armand Carrel à la boutique de son père. Et ne le lit-on pas entre ses lignes lorsqu'il remet Hippolyte Rigault à son rang de plébéien? Mais aussi quelle audace avait pris cet homme, qui n'était pas « né », d'oser parler de salons? « Quels salons? répondit d'Aurévilly. Ceux où il va, sans doute..... Nous demandons qu'il nous fasse envoyer des invitations pour voir cela. » Il a inventé, je crois, quelques-unes des formules les plus insolentes qui aient été écrites depuis Saint-Simon (1).

Songez qu'Hippolyte Rigault appartenait à la bourgeoise maison des *Débats*. Ce n'était pas pour lui faire trouver merci devant celui qu'on nommait « le connétable ».

Le patricien qui, dans son adolescence, avait admiré ces types de distinction, Brummel et le comte d'Orsay, trouvait toujours un air d'emprunt aux façons des gens de roture, et la rudesse primitive de l'homme inculte le choquait moins que l'élégance apprise du parvenu. Il se montrait moins méprisant pour le « pousseur de varlope » que pour le bourgeois. Bourgeoisie, dans son vocabulaire, signifie platitude et disgrâce

(1) Peut-être les contestations qui s'étaient produites sur l'authenticité de sa gentilhommerie avaient-elles contribué à exaspérer son sentiment nobiliaire.

suprême. Il n'a point assez de railleries pour l'homme qui personnifie si bien cette catégorie, le « nain ingénieux » qui célébra le *Consulat et l'Empire*, ce petit Poucet d'un genre nouveau, « juché sur la botte à l'écuyère de l'Empereur ». Michelet, par son éclat d'imagination, avait de quoi le séduire, et, en maintes pages, il le loue. Quelques quartiers manquèrent seulement au pamphlétaire de l'histoire de France pour qu'il lui pardonnât certains méfaits. Il lui trouve une vulgarité de geste lorsqu'il « assassine » Louis XIV. Le duc et pair des *Mémoires* eut au moins à son gré de la noblesse dans le régicide. Voltaire, qu'il condamne, ne laisse pas de le charmer par ses grands airs. Ce fils de tabellion fait une autre figure que Diderot, le petit bourgeois de Langres. Aristocrate de manières, « duc par l'esprit et par l'impertinence, et même grand-duc », lui du moins savait porter les fourrures que Catherine II lui jetait sur les épaules.

Ce à quoi d'Aurévilly ne résiste pas, c'est au double prestige nobiliaire et militaire. Ségur l'entraîne, sans doute, par « l'emportant » d'un récit comparé à une fanfare. Mais pour combien n'entre pas dans ce charme la personne du général comte, du grand seigneur qui, avant de tenir la plume, a tenu l'épée! L'épée, « l'embellissante épée », l'éblouit de son éclair. Il adore les armes, la guerre, le cheval de guerre. Encore un culte d'aristocrate.

C'est ce qui explique, en cet homme d'ancien régime, son enthousiasme pour Napoléon. Il s'enivre, à soixante ans de distance, de cet « air mis à feu » par l'Empereur. Il s'exalte à y voir « flamber » l'héroïsme. Il voudrait que nos générations anémiques bussent un peu de ce « fer en fusion » qui coulait alors dans toutes les veines. Que vient faire « l'idiote philanthropie », avec ses « imbéciles » congrès de la paix? A quoi tend la « cuistrerie » du libéralisme humanitaire, sinon à nous aveulir de lâcheté en déshonorant « la mère de tout honneur, — la Guerre »? Gloire aux temps où l'homme vit à cheval, car l'homme « détrôné de son cheval ne paraît plus qu'une moitié d'homme ». Gloire aux temps où le jeu de l'énergie humaine développe la beauté humaine.

Et qui donc prétendrait séparer la beauté de la force? Lui, il en fait à peu près une seule et même chose, du moins les confond-il presque toujours en ses admirations. Il se plaît au déploiement des membrures puissantes, aux fières cambrures, au raidissement des muscles bandés, à la splendeur des formes dans leur plénitude. C'est pour l'avoir sentie et rendue, cette splendeur, que David l'enchante. Il déshabille par la pensée le *Chasseur* et le *Cuirassier blessé* de Géricault, il ôte leur caleçon à ses *Boxeurs*, pour contempler en ces types accomplis la perfection de l'animal humain.

Lisez ses pages si colorées sur « cette espèce de torse à la Michel-Ange en corselet, qu'on appelle Agrippa d'Aubigné », et voyez si ce n'est pas le « charme de violence » qui l'a séduit. Il excuse, dans les vers de ce reître, leur désordre et leurs rimes à la diable, en faveur du gantelet de fer qui les a écrits.

Il trouve à Ronsard la grâce de la force, « la grâce des lions lorsqu'ils sont amoureux »; il aime son « emportement de geste si impérieux dans la caresse ». Peu s'en faut qu'il ne pardonne à Camille Desmoulins son *Vieux Cordelier*, en considération de certaines pages d'âpre invective, de quelques coups de plume qui « déchiquètent et ressemblent à des coups de couteau ». En Géricault, que je nommais à l'instant, il célèbre, j'allais dire il chante, l'homme qui a l'air d'être né d'une Centauresse, et le peintre qui, un jour, écrivait : « Quand je commence une femme, je la finis en lion. » Il l'appelle le Viril, avec un grand V. Il exalte les hommes en qui, selon l'idéal de Shakespeare, « chaque pouce est un homme. » — A défaut d'autre raison, notons-le en parenthèse, ce culte de la force expliquerait son aversion pour les bas-bleus, c'est-à-dire pour le « petit sexe » s'essayant aux œuvres et aux « manières de marcher animalement puissantes » de l'autre. — Aux artistes et aux écrivains de tout ordre, il demande d'abord de l'énergie mâle. Il veut des tempéraments, il a même dit des *tempéramentueux*. Entendez par là des abondants, des véhéments, des emportés, des hauts en couleur et aussi des hauts en graisse.

De là au mépris des modérés, des calmes, des rassis, et je ne dis pas des incolores ni des exsangues ni des secs, mais des sobres, il n'y a guère loin. Barbey raille avec une inépuisable verve et une amusante invention d'images ou de mots la lymphe des uns, le décharnement des autres. Mérimée est « un échassier qu'on a presque osé fourrer dans un nid d'aigle ». Bien mieux, c'est « un morceau de bois, un squelette qui ne rougit pas plus de sa maigreur qu'une vieille fille anglaise ». Ses œuvres « filtrées et rares ne coulent jamais à flots ». N'essayez pas d'excuser leur peu d'abondance par leur perfection serrée. Pour cet amoureux de la spontanéité et du jaillissement, ce mérite n'est de nul prix.

Il fait fi de l'élégance qui se surveille. Combien au-dessus de ce pâle impeccable il mettrait un sanguin, un pléthorique, un truculent, point soigné de tenue, même désordonné et encanaillé ! Il affecte parfois une vivacité et une brutalité de termes pour traduire son dédain des réguliers timides. Il traite Villemain d' « eunuque littéraire opéré par le goût ».

Il y avait plus d'une bonne raison pour que les parnassiens encourussent son inimitié; école de scrupuleux quant à la forme et à la métrique, de limeurs de syllabes qui sont en outre, la plupart, des sertisseurs de sonnets. Oh! qu'il méprise ces exercices de patience, ces façons de « jouer aux petites difficultés vaincues » ! Combien il recommande aux jeunes gens qui ont du souffle d'abandonner aux asthmatiques ces tra-

vaux qui se peuvent accomplir « entre deux
toux » ! Et qu'iraient-ils faire parmi « ces impas-
sibles » par définition, eux dont le sang bout ?
Les vrais poètes sont ceux qui « enflamment la
tête et font battre le cœur à toute une génération », non les brosseurs de rimes tout à une
besogne de détails, sans hauteur d'esthétique,
ignorants de la fureur sacrée. Contre ces confec-
tionneurs méticuleux « de bijoux et de joujoux »,
il serait amusant de transcrire bout à bout ses
invectives imagées. Qui donc qualifie-t-il de « ci-
trouille gelée » ? Il renvoie Leconte de Lisle,
basset lui-même, à « sa meute de bassets ». Cette
métaphore cynégétique lui agréant sans doute,
il écrit encore de je ne sais quelle œuvre : « Cela
est doux, apprivoisé, pris au chenil des idées
communes. »

Pour lui pardonner l'excès de ces métaphores,
songeons, je vous prie, combien il diffère des
timides, des méthodiques et des froids, lui à qui
la Muse apparaît toujours sous les espèces d'une
Bacchante en délire.

S'il raille avec cette vivacité la correction
étroite, c'est que, tel qu'il est, elle doit l'exaspérer ; c'est que son sans-gêne cavalier sonne ses

éperons sur tous les parquets. C'est que sa désinvolture flambante promène partout son panache et sa cravache armoriée. Sa cravache à la bague d'argent, au manche en corne de cerf, on la lui voit à la main, même lorsqu'il ne cingle personne (1). La fière franquette de son style — je lui emprunte une de ses expressions — lui donne toujours l'air d'écrire au débotté ou, selon son terme, « le cul sur la selle ».

La grammaire ne l'inquiète, ni les grammairiens. Le respect de ces gens-là et de leurs défenses lui semble une sujétion indigne. La grammaire est un niveau, un *pressoir commun* (2), où ne doit point passer un homme de sa sorte. Qu'un « cuistre » ait pu « tuer » Ronsard, cela l'indigne comme un forfait démocratique. Il compare Malherbe tout bonnement à Robespierre, — un cuistre aussi, il est vrai. Pour lui il use de la langue à sa guise, se forgeant un vocabulaire, violentant la syntaxe. Je relève comme exemple une phrase sur Ronsard : « Ronsard, le ressuscité

---

(1) Ne m'occupant ici que des opinions littéraires de Barbey d'Aurévilly et de leur expression dans ses articles de critique, je ne parle pas de ses audaces d'une autre sorte et si scabreuses dans ses romans.

(2) La métaphore est de Saint-Simon. Je la mets sous la plume de d'Aurévilly, à qui elle eût agréé sans doute.

de 1830, est peut-être la seule chose de 1830 qui soit encore debout comme elle s'y mit quand il ressuscita. » Je copie à la même page, à quelques lignes de distance : « Il lui avait très proprement coupé la tête. Mais la tête coupée a fait mieux que de marcher, comme saint Denis avec la sienne. » Il y aurait une amusante liste à dresser de ses néologismes, qui presque toujours visent à exprimer des outrances, à solidifier, à durcir des reliefs violents d'idées. Je ne sais plus à propos de quoi il dit *pyramidalité*. Il hasarde aussi le *mamelouchisme* de Victor Hugo. Parfois ce sont de simples jeux, des gamineries dans l'accouplement des termes. Ainsi il qualifie le même Victor Hugo de « Parisien pur sang ou impur sang, comme on voudra ». Il écrit que Diderot avait « une nature de bénédictin, ce malédictin ». Ou bien il se prend à la physionomie, au son du mot, il s'amuse aux allitérations, il exploite les rencontres phoniques. Par exemple, il reproche à Michelet de se montrer dans l'*Amour* « d'un naturalisme béat et béant ». Ailleurs il parle des comptes rendus retentissants de livres ou de pièces « qui sonnent la trompe et la tromperie ». Il lui arrive même de ne pas dédaigner le calembour : « Planche surfaisait immensément Mérimée, et c'est sur cette planche qu'il a vécu toute sa vie. »

Mais c'est trop nous arrêter à des badinages où il ne mettait pas certes le meilleur de son esprit. Il reste de son originalité de plume d'autres témoignages que ces excentricités plaisantes. Tours brusques, jets hardis, raccourcis de formules qui font saillir la force de la pensée comme font saillir la vigueur des corps ces nœuds de muscles qu'il aimait voir dans les anatomies ; là se manifeste son tempérament d'écrivain. Il éclate aussi dans l'audacieuse invention du mot (il ne s'agit plus ici de néologismes), dans l'association toute neuve des vocables, dans l'emploi osé de la métaphore : « couler sa prose dans le « moule à balles » du vers ; — « porter son rêve comme un verre plein, sans le répandre » ; — « Fontenelle, un homme de porcelaine fêlée, perpétuellement occupé à surveiller ses fêlures » ; — « le déisme, une religion cul-de-jatte ». — Ces trouvailles étaient l'ordinaire de cette prose de Barbey, insouciamment jetée au courant de la chronique. Il n'y dépensait nul effort. Cela lui venait ainsi. Il l'avait au bout de la plume comme, dans la conversation, au bout de la langue. Il lui eût fallu se contraindre — et combien furieusement ! — pour se tenir à un style tout uni, nous n'entendons pas incolore ou insignifiant, mais égal de ton et de rythme, sans heurts ni éclats subits ni fusées. Et voilà comment, à tout instant, il donne des sursauts à son lecteur, — quelquefois, avouons-le, au goût de son lecteur.

Pour peindre plus vivement, il lui arrive de tremper son pinceau dans ce baquet réaliste dont il regrette de ne pas voir user des artistes trop « classiques » ; et alors il barbouille n'importe quoi d'une brosse effrénée. Ne représente-t-il pas un génie dévoyé mettant ses « pieds ailés » dans « une bouse de vache » ? Ou bien c'est de l'abracadabra tout pur. Il définit Saint-Simon « un front d'artiste, un front de bélier d'écrivain qui va faire de ce front une catapulte ».

Ne nous choquons pas trop de ces erreurs. Acceptons-les comme la rançon nécessaire de cette fantaisie, de ces saillies, de ces éclairs, de ce diable au corps. Est-ce que d'ailleurs tout ne passe pas emporté au train de ce style ? Au lieu du faux brillant, voyons les vrais joyaux. Au lieu de l'incohérent et du baroque, retenons les traits de justesse éclatante semés avec une prodigalité magnifique par un poète qui resta poète à toutes les pages de sa prose.

Grand enfant, ainsi que tous les poètes, il nous faut lui pardonner les affectations, même les extravagances de sa rhétorique, comme celle de sa tenue et de sa toilette. Byron partant pour la Grèce s'était mis sur la tête un casque d'or, de forme antique, pour ressembler à un guerrier du siège de Troie.

Lui, il se coiffa d'un chapeau à rebords de velours cramoisi; il se drapa dans de grands manteaux flottants. Il lui sembla beau de traverser notre époque roturière ainsi costumé en grand seigneur fantasque, et, du haut de ses talons rouges, de dire leur fait aux gens de plume qui essayent de lui constituer avec d'autres une manière de patriciat.

Ne prenons pas à la lettre toutes ses paroles. Beaucoup sont trop emportées ou trop spirituelles, pour être tout à fait vraies. Mais relisons-les, ne fût-ce que pour jouir de l'originalité savoureuse du personnage qu'elles expriment. Relisons-les surtout aux heures grises où l'on a besoin d'une débauche de couleur et de lumière. C'est le moment de goûter les hauts tons de ses images et son pétillement, son étincelle continue. Car il fait toujours feu des quatre pieds, comme il disait des chevaux de Géricault.

LES PAYSANNERIES

DE

GUY DE MAUPASSANT

Dans les paysanneries, je comprends les paysages ; et si c'est un abus de mots, tant pis. Je voudrais dire comment Guy de Maupassant a peint les hommes et les choses des champs. Il a décrit bien des conditions diverses, bien des catégories de gens, bien des sortes de lieux, les mauvais surtout, avec des haltes complaisantes dans les pires. Il l'a fait d'une forme dont il est devenu banal de louer l'excellence et avec une netteté de vision qui a induit des critiques à définir son talent en des termes que j'essayerai de contester. Hobereaux et bourgeois, artistes, « ronds de cuir », journalistes, petits rentiers miséreux, défilent dans son œuvre. Il introduit ses lecteurs dans les ateliers, dans les châteaux, dans les bureaux de ministère, au « Bain Turc », dans les cercles, dans les cafés, dans les brasseries et autres endroits qu'on ne peut dire. Mais où il se plait plus que nulle part, c'est aux champs. Il n'est guère de ses plus brefs chefs-d'œuvre qui n'ouvrent une échappée sur des prés ou des bois. Pour sentir le grand air, pour sortir des « quatre murs », il n'est pas de prétextes qu'il n'invente, dût-il nous voiturer en carriole avec l'escouade de la « Maison Tellier ».

Il nous promène surtout en Normandie; c'est son pays, et il en tient tant : vigueur, santé plantureuse et gaillarde, gaieté robuste, toutes vertus du sol. Et il la décrit si bien, cette terre grasse dont il se sent pétri, ses grandes lignes molles, ses prés d'un vert intense, son humidité féconde, l'afflux de ses sucs nourriciers : « Le convoi traversait un long pays onduleux, coupé de vallons, où les domaines des paysans, herbages et prairies à pommiers, étaient entourés de grands arbres dont les têtes touffues semblaient luisantes sous les rayons du soleil. On touchait à la fin de juillet; c'était la saison vigoureuse où cette terre, nourrice puissante, fait épanouir sa sève et sa vie. Dans tous les enclos, séparés et reliés par de hautes murailles de feuilles, les gros bœufs blonds, les vaches aux flancs tachetés de vagues dessins bizarres, les taureaux roux au front large, au jabot de chair poilue, à l'air provocateur et fier, debout auprès des clôtures ou couchés dans les pâturages qui ballonnaient leurs ventres, se succédaient indéfiniment à travers la fraîche contrée dont le sol semblait suer du cidre et de la chair (1). »

Voilà la prairie normande. Voulez-vous la côte, ses escarpements, ses falaises et leurs échancrures de pentes gazonnées, ses sentiers qui descendent au galet en contournant des rocs? Prenez *Une vie*, *Pierre et Jean*, ce récit parfumé de senteurs marines. Tous les aspects du pays, plaines et vallons, rivages et ports, bois et ruisseaux, on les trouve dans les livres de Maupassant. Et en toutes saisons, sous tous les ciels, non pas seulement sous la claire lumière de l'été, mais sous la neige, sous le brouillard, surtout sous la pluie, cette « pluie normande... en biais, épaisse comme un rideau », ou encore sous ce soleil mouillé qui glisse ses rayons obliques par les déchirures des nuages. La Norman-

---

(1) *Notre Cœur.*

die, Maupassant « la porte en lui, il la détient, il peut dire : « Ma Normandie » avec autant de droit et de fierté que les Méridionaux disent : « Ma Provence (1). »

Sa seconde patrie, c'est l'Auvergne, à moins que ce ne soit la Provence... ou l'Afrique... ou la Corse. Sa *Vie errante* l'a promené en tant de lieux! Mais l'Auvergne, il y est venu et revenu avec une complaisance qui ressemblait à une inclination de cœur. Puis il en a senti et exprimé la saveur de terroir, il en a appris les mœurs et le patois ; ce qui vaut naturalisation.

Riomois, j'ai tressailli en trouvant, dans *Berthe*, ma vieille et chère cité avec sa Vierge des Marthurets, ses maisons noires de lave, quelques-unes sculptées, « jolies comme des bibelots », et sa ceinture verte de Limagne, peuplée de villages. Mais voici mieux encore : les grandes lignes des monts d'Auvergne, la chaîne des Dômes profilant ses cônes tronqués, ses volcans morts, semblables à un troupeau d'énormes bêtes sommeillantes. Puis les monstres explorés, détaillés en leur lourde anatomie, et les accidents, les crevasses bizarres, les coulées de lave,

(1) Voir le remarquable article anonyme paru dans le *Correspondant* du 25 janvier 1892, sur Guy de Maupassant.

les éboulements, les blocs retombés au fond des cratères, la dernière écume refroidie, figée dans les gueules moribondes. Enfin, les petits coins de nature apaisée, souriante, comme il s'en cache dans ces régions tourmentées; les venelles de verdure entre deux murailles de granit, les jardinets accrochés à un pan de roche, les lacs grands comme des cuvettes.

Car Maupassant sait peindre un ruisseau ou un fouillis d'arbres aussi bien que les lignes générales d'une contrée. Il avoue l'amour « physique » que lui inspirent tel coin de forêt, tel bout de berge, tel verger « poudré de fleurs ». Et combien de fois s'est-il arrêté aux filets d'eau « courant dans le sol comme des veines » ! Dans sa Normandie surtout, quels paysages minuscules et charmants n'a-t-il pas dessinés, tout en chassant : une fissure de falaise, un morceau de plage gluant de varech, une oseraie d'où se lèvent des bécassines, un fossé de ferme ombragé de hêtres et d'ormes...

Les fermes isolées dans leurs cours carrées, avec leurs toits de chaume couverts d'iris « aux feuilles pareilles à des sabres », il en parle mieux qu'en artiste, ce rural. Pour lui, elles ont un charme « sensuel ». Il s'attarde à sentir les odeurs de basse-cour, les « tiédeurs fermentées d'étable... la bonne et chaude puanteur qui s'exhale du fumier des vaches, et ce parfum de pommes pilées, de cidre frais, » qui, à l'automne, « semble flotter sur toute la campagne normande ».

Enfin il entre dans la maison paysanne, et il se plait aux murs d'argile noircis, aux poutres enfumées du plafond où pendent des rangées d'oignons, à la terre battue du sol, au mobilier sommaire et brut, le lit, la table, la huche, le haut dressoir, l'horloge de bois. Et, son fusil posé, tandis qu'il boit un coup de vin, il observe les habitants du logis, fixant en sa mémoire leurs allures, leur langage, leurs traits mêmes.

Qu'ils sont vrais, ses paysans de tout âge et de toute condition, propriétaires, fermiers et valets! Les vieux, le corps noueux, déformé par les dures besognes, « par la pesée sur la charrue qui fait en même temps monter l'épaule gauche et dévier la taille, par le fauchage des blés qui fait écarter les genoux pour prendre un aplomb solide » ; — les jeunes gens vigoureux, bien découplés, non encore déjetés par le labeur, avec un air troupier et la crânerie de la moustache qu'ignoraient leurs pères ; —les femmes fatiguées avant trente ans, les mains osseuses, les bras secs, la taille aride ; —les filles hautes en couleur, les joues pleines, le corsage ample, fortes comme des garçons, proches parentes de celle que Roll a peinte en plein pré, avec sa vache, un seau de lait à la main. Tout cela, on le sent, est *vu*, dessiné d'après nature, non inventé comme les fantaisies berrichonnes de George Sand.

C'est que Maupassant étudie le paysan partout et dans toutes les attitudes : à pied, « le pas tranquille, tout le corps en avant,... tirant, au bout d'une corde, une vache ou un veau » ; en voiture, assis sur le brancard, les coudes hauts pour tenir les rênes ; à table, mâchant avec lenteur ; au travail ; au marché, tâtant les bêtes. Attentif aux détails infimes de leur costume, il remarque les chapeaux à long poil des riches, les plis raides de la blouse neuve, aux manches ballonnées, aux cassures anguleuses dans le dos, et le luxe de la redingote dont les pans dépassent en dessous. Il signale le haut bonnet des Normandes, aux brides blanches retombant sur le fichu croisé, retenu, les grands jours, par un bijou d'argent. Ou, s'il traverse un de ces villages de

Limagne où survivent encore de vraies *brayaudes*, il note la marche lente des fileuses, la quenouille de laine noire à la ceinture, tandis « que leurs jupes courtes montrent leurs chevilles » et que « leur corsage, attaché sur les épaules avec des espèces de bretelles, laisse nues les manches de toile des chemises. » Aux *assemblées*, il dénombre les véhicules de toute race dételés sur les routes, « charrettes, cabriolets, chars à bancs, tilburys, carrioles innommables, jaunes de crotte, déformées, rapiécées, levant au ciel, comme deux bras, leurs brancards ». S'il met le pied sur un champ de foire, il surveille les longs marchandages, les dédits, les retours perplexes, et les coups d'œil méfiants qui cherchent à découvrir « la ruse de l'homme et le défaut de la bête ». Le dimanche, il va voir danser. Ou encore il se fait inviter aux repas de fête, et il écoute les rires, les propos salés, la gaieté lourde, les gaillardises épaisses qu'on jette à la tête des *promis*. Enfin, par privilège, il pénètre au cellier où se cache le fût préféré, celui qu'on caresse de la main, « comme on fait sur la croupe d'un cheval aimé ».

Ainsi il connaît le moral, l'intime du paysan.

Ainsi il peut ne pas se tenir aux généralités sur la rouerie et la parcimonie campagnardes. Il détaille les finauderies, les équivoques, les regards de biais, les façons obliques, l'art d'offrir un verre de vin pour éluder une question. Il prend sur le fait les petites économies honteuses, telles qu'un bout de ficelle cherché dans la boue, « parce que tout est bon à ramasser qui peut servir ». Il découvre chez l'enfant l'instinct héréditaire précis, pratique. Il suit les conceptions lentes qui s'élaborent dans les cerveaux frustes, les discussions sans fin, pleines de recommencements, les luttes âpres et patientes dont l'objet est un lopin de terre ou un peu de monnaie, de « cette monnaie entrée dans la maison franc par franc, sou par sou, de cette monnaie, histoire sonnante de tant de peines, de soucis, de fatigues, de travaux, si douce au cœur, aux yeux, aux doigts du paysan ».

Notons que les deux races qu'il a étudiées se ressemblent en plus d'un point : ruse, esprit positif, amour de l'argent et de la terre... Elles se distinguent pourtant dans ses livres : le Normand, plus goguenard ; l'Auvergnat, d'un labeur plus opiniâtre peut-être et plus dur, prolongé jusqu'à l'extrême vieillesse, jusqu'à l'entière défaillance des forces, même l'aisance acquise ou la fortune. Quiconque connaît le paysan de Limagne et, en particulier, celui de Châtel-Guyon ou d'Enval, a rencontré un « père Oriol » riche revenant de sa vigne, la binette sur l'épaule, après une journée de sueur, courbé, « la croupe au soleil ».

Tout cela est vrai, pris sur le vif, mais fait en somme une psychologie courte, point délicate ni subtile. C'est celle qui convient aux âmes primitives. Ni les Oriol père et fils, ni Malandrin, ni Toine-ma-Fine, ni maître Hauchecorne n'offriraient matière à M. Bourget. Ils sont là avec le jeu élémentaire de leurs facultés, la spontanéité de leurs instincts, sans conflits ni traverses compliqués.

Sur deux points pourtant, la vérité de Maupassant me paraît en défaut.

D'abord, il ne touche guère aux choses religieuses sans montrer qu'il les ignore.

Ses premiers communiants de Virville « jetés sur les dalles par une dévotion brûlante », ouvrant la bouche « avec des spasmes, des grimaces nerveuses, les yeux fermés, la face toute pâle..., la longue nappe étendue sous leurs mentons, frémissant comme de l'eau qui coule », ces petits Normands-là, je l'affirme, jamais Maupassant ne les a vus. Faux encore les jeunes gars et les hommes qui sanglotent au fond de l'église. Faux le sermon du curé et son apostrophe aux « chères sœurs » qui sont Mme Tellier, Fernande, Raphaël, « Rosa la Rosse » et « les deux Pompes ». Aussi faux que les agenouillements de la comtesse de Guilleroy vieillie devant le christ de chêne, cadeau de son amant, et que ses prières pour la vertu rajeunissante de ses pâtes, crayons, houppes et poudres.

Maintes fois, au surplus, Maupassant a prouvé qu'il ne connaissait pas le prêtre de campagne.

L'abbé du *Baptême*, surpris en pleurs près du berceau, le front sur l'oreiller, devant « la larve d'homme » qu'il vient d'ondoyer, est un abbé de romance. Passe encore pour la bonhomie ronde du vieux curé d'Étouvent qui parle un peu bien gaillardement du bas prix de la fleur d'oranger dans sa paroisse. Mais le jansénisme furieux de son successeur, l'ascétisme extravagant de ce forcené qui « épie les amoureux comme fait un garde poursuivant les braconniers », qui jette des cailloux à un garçon et à une fille parce qu'ils s'embrassent, qui piétine et assomme une chienne parce qu'elle a l'indécence de mettre bas... demandez à M. Ferdinand Fabre, qui connait le clergé, lui.

Cela, c'est de l'imagination. Le réaliste, « le réaliste par excellence », — on lui a décerné ce titre, — est surpris en flagrant délit d'idéalisme, et du pire.

Au surplus, — et c'est la tare de son œuvre, — quelque chose de gâté fausse son observation si souvent juste; un trait de laideur, de difformité, d'ignominie, qui presque partout s'accuse et domine.

Comment se chiffre, au juste, la proportion de la vilenie dans le monde?

Entreprenne qui voudra la statistique.

Mais, d'emblée, nous affirmons que, même dans les régions inférieures, le niveau de la culture et de la moralité humaines dépasse l'étiage mesuré par Maupassant, après son parrain Flaubert.

Des petits-enfants qui fourrent dans la huche au pain leur grand-père mort et réveillonnent dessus; — un mari qu'on croyait noyé et qui, de retour après treize ans et trouvant sa femme remariée, ne songe qu'à revendiquer sa maison; — un aubergiste qui, par intérêt, assassine d'eau-de-vie une vieille femme; — un fermier qui viole ou à peu près sa servante, l'épouse, puis se prend de dégoût pour elle, la méprise, l'assomme de coups parce qu'elle est inféconde, et soudain s'apaise quand elle lui avoue qu'elle a eu un enfant de Jacques, le garçon de ferme, la tenant dès lors pour réhabilitée... une pareille moyenne légitimerait un large mépris de notre espèce; mais, Dieu merci, elle n'est pas vraie. Non, il y a là un penchant pour les réalités basses, une mise en valeur du laid, un parti pris de chercher matière d'art dans le jeu grossier des instincts.

Où la complaisance du romancier se trahit surtout, en effet, c'est pour les choses de l'ordre sensuel. A en juger par ses récits, le désir charnel occupe incessamment les hommes, et, tout compte fait, sa satisfaction reste à peu près l'unique affaire de la vie. Les suggestions de l'amour, ses démarches, ses « pratiques », voilà ce qu'il se plaît à décrire, sans qu'aucune insistance le lasse, sans qu'il recule devant l'indécence d'aucune indication ni d'aucune précision. L'indécence, il n'en a même pas la notion. On l'a comparé à « un fauve dans les grands bois »; son impudeur s'ignore. Celle de ses personnages aussi; leur immoralité s'étale avec candeur. Ses filles de ferme sont toutes prêtes à recruter les maisons Tellier et Patience, et leurs parents estiment « que c'est un bon métier ».

Ses Vallin et ses Rivet peuvent aller de compagnie avec les Fouan de M. Zola. Quoi qu'on ait dit de sa « vérité tranquille », l'observateur n'est pas impartial. Volontairement il élargit sa part à l'animalité humaine.

Ce n'est pas que nous voulussions trouver en lui l'art *impersonnel* dont on le félicite. On fait de ce peintre un objectif d'appareil photographique, une « manière d'emporte-pièce » découpant dans le déroulement confus des choses » des « morceaux de réel », à la seule condition qu'ils soient susceptibles de « former tableau ».

Non certes, il n'est pas cela, et, à vrai dire, personne n'est cela. Nul homme n'est cette machine précise, parce que nul homme ne s'offre ainsi passivement aux impressions ambiantes. Helmholtz voit en chacun de nous un « réactif ». Si sains et si équilibrés que nous soyons, le monde extérieur s'altère plus ou moins et se déforme en passant par nos sens. Spécialement, toute vision est interprétation. Les corps, — la science nous l'apprend, — se revêtent à nos yeux de couleurs apparentes, purs phénomènes subjectifs. Baignée dans l'éther vibrant, la nature se peuple d'illusions. Des fantômes se meuvent entre les choses et nous. L'ombre s'oppose à la lumière, la gamme des tons s'échelonne, les demi-teintes s'estompent, les nuances se fondent, — universel mirage qui a nos organes pour artisans subtils. Chacun de nous est magicien.

Les artistes plus que tous autres. Ils ont leur point de perspective propre, ils voient sous d'autres angles que le reste des hommes, et par là seulement ils sont artistes. Loin de ressembler à un miroir, à un réflecteur exact, le cerveau du peintre ou du poète est un milieu réfringent où toutes les formes subissent des déviations singulières. Et combien diversement lumineux ou colorés sont leurs fantômes à eux! De l'éclat des Vénitiens aux mystères du clair-obscur, de la fournaise flambante que Titien allume à côté de ses figures patriciennes, à la lampe pâle que promène Rembrandt sous la voûte des échoppes, au tournant des escaliers et sur le front chauve de ses philosophes, que de visions et, pourrait-on dire, que d'hallucinations diverses!...

Est-ce au sujet de Maupassant qu'il nous faut

rappeler ces notions ? Avec quelle netteté il les a lui-même formulées un jour : « Les grands artistes sont ceux qui imposent à l'humanité leur illusion particulière (1). »

Ainsi s'est-il fait la sienne et, parce qu'il est un grand artiste, l'a-t-il suggérée à une partie de sa génération. Mises à part certaines prédilections que nous avons signalées en lui et que nous excluons de l'ordre esthétique, il a une vue personnelle du monde, point fantastique, point traversée d'aveuglants coups de lumière, sans recherche, sans outrance d'aucune sorte, mais colorée, forte, brève, résumée et comme ramassée. Tandis que, dans leur fièvre de sensations, les Goncourt, par exemple, compliquent le réel, en accidentent les détails, les lignes simplifiantes de ses tableaux négligent le secondaire, indiquent avec une précision sommaire les traits significatifs. Tandis que l'œil grossissant et trouble de M. Zola crée des simulacres géants, les images très claires qui se forment en Maupassant ne dessinent aucun monstre, laissent leur taille aux hommes et aux choses, mais éliminent, ordonnent, abrègent.

(1) Préface de *Pierre et Jean*.

Ce qui est vrai, c'est qu'il n'a pas de système préconçu, pas d'idée générale et préalable du monde qui subordonne son observation. Nulle philosophie, nulle théorie scientifique ne la domine. Il ne s'embarrasse pas, comme l'auteur du *Roman expérimental*, de « lois physico-chimiques », ni de déterminisme, ni d'influences de milieu. Il ne prétend point « instituer des expériences ». Chez lui pas un Rougon-Macquart ne traîne le fardeau de l'atavisme. Bien plus, — M. Faguet l'a noté avec justesse, — il n'observe pas, semble-t-il, de propos délibéré, il ne se met pas en peine ni en quête, il ne fait pas la chasse aux documents. Il laisse la réalité entrer en lui et s'y ordonner en chefs-d'œuvre.

Car l'effort ne se trahit pas plus dans sa forme que dans son fond. Son style est le geste franc de sa pensée. Sa phrase droite et simple, jamais encombrée, allégée de toute surcharge, réduit « au minimum possible les frottements du véhicule », comme le veut Herbert Spencer. Ce n'est pas certes qu'il fasse de sa prose une manière de *machinery* selon l'utilitaire formule du philosophe. Et ici il nous faut encore le défendre de l'éloge d'*impersonnalité*. La langue des arts est autre chose qu'un sémaphore perfectionné. Comme tous les maîtres, Maupassant a sa marque. Quand Labouisse complote avec Maillochon, ce sont bien eux qui parlent, et je ne veux pas rechercher s'il ne leur suggère rien, s'il n'a pas retenu les mots les plus expressifs de leurs pareils pour leur composer des dialogues savoureux. Mais quand il fait le portrait de ces rôdeurs « guettant toute proie morte ou vivante », quand il les met en scène, quand il narre leurs prouesses, je sens une vivacité, une prestesse, un tour concis qui lui appartiennent. Sans compter qu'au paysage de Seine esquissé en passant, à la description de la rivière endormie sous la brume, traversée de bruits légers, vagues clapotis, chocs d'aviron ou « paroles basses venues on ne sait d'où », glissant sur le fleuve « comme ces oiseaux sauvages qui ont dormi dans les joncs et partent aux premières pâleurs du ciel », — à cette page je reconnais un Maupassant que je ne puis qu'indiquer et qui mériterait peut-être une étude à part, l'ami et le peintre de l'eau.

Qu'on ne le détache donc pas de son œuvre comme on fait. Une simplicité qui rappelle les

vieux maîtres, de la dextérité, de la force, une
phrase drue, musclée, qui donne au récit un
train de course, une prose succulente, toute de
chair ferme, voilà, je pense, qui signale son auteur, et quiconque écrit ainsi a droit de n'être
confondu avec personne.

Plusieurs fois le mot de « classique » est tombé
de la plume à ceux qui ont jugé Maupassant. Je
voudrais qu'on réunît quelques-unes de ses nouvelles les mieux venues, les plus franches de
langue, les plus alertes, et aussi les plus chastes :
la *Ficelle*, la *Mère Sauvage*, l'*Âne*, le *Baptême*...
De quoi composer une sorte d'écrin du conteur.
Les tout jeunes gens y apprendraient ce que
c'est que sobriété, aisance, netteté, prose française enfin. *Boule de suif* n'y figurerait pas. Ah !
non, ni la *Fille de ferme*, ni *Marocca*... Mais le
recueil eût grossi, j'imagine, si Maupassant eût
vécu.

Son art s'épurait. Après les farces osées, les
aventures de gars et de filles, les impudiques
tableaux de la vie sensuelle, le gras naturalisme
où avait polissonné son talent, une amertume
l'avait envahi. Écœurement de ce qu'un historien des fabliaux vient d'appeler « la monotonie
de l'obscénité humaine » ? Peut-être. Peut-être

aussi avait-il senti par avance ce frisson de la cinquantaine dont frémit son Olivier Bertin. L'inéluctable fuite des choses lui était apparue; un attendrissement viril l'avait pris. Les hautes sollicitudes le gagnaient. On l'a dit, l'humanité supérieure rentrait dans son œuvre.

Faut-il raconter, après tant d'autres, comment sa tristesse s'exaspéra, comment le nihilisme foncier qui se laissait voir à travers ses gaietés devint un atroce et violent dégoût de la vie? Que souvent le pessimisme atteint les joyeux, eux plus que les autres, plus que les professionnels de désespérance!... Schopenhauer s'amuse, ils se tuent. Maupassant, lui, était à la fin un malade. Oui, hélas! Mais combien en pourrais-je nommer, ne fût-ce que ce pauvre Mario Uchard.....

PIERRE LOTI

Un soir, tout enfant, Pierre Loti aperçut la mer, à un bout de sentier, sur les dunes de Saintonge. Il ne l'avait jamais vue, et brûlant de la connaître, il avait pris à deux mains son courage pour se sauver tout seul, au crépuscule, sur cette côte. « Quelque chose d'un vert obscur, presque noir », de remuant et de bruissant, *c'était ça*. Il s'arrêta frissonnant.

Pressentait-il, comme il le raconte, que ça finirait un jour par le « prendre » et gouvernerait impérieusement sa vie? Dès lors, l'image intense se grava dans sa mémoire d'un seul coup, pour jamais. Rien ne rompit la fascination de ce premier colloque, de « ce moment l'un devant l'autre ». Le marin était né en lui, et l'artiste.

Certes, d'autres aspects de nature devaient lui faire sentir leur grandeur et leur charme. Il aime la forêt. Maintes fois, il s'est assis sous la chênaie bretonne, il a joui de ses aromes subtils, il y a cueilli des gerbes de silènes et de digitales. Il a compris aussi la poésie du désert, des sables fauves sans fin. Et, à vrai dire, tout le séduit dans le monde; tous les vents du ciel le sollicitent, cet oiseau de grand vol. Après Stamboul, Tahiti; après Tahiti, le Sénégal; puis l'Indo-Chine, le Japon..., et encore Stamboul, et encore le Japon... Et c'est un exotisme savoureux et dangereux, un émerveillement de lignes et de couleurs, la riche diversité des lieux et des êtres décrite en des pages capiteuses comme le parfum de ces fruits trop mûrs, surchauffés de soleil, qui s'écrasaient aux pieds de Rarahu. De ces pays tant de fois explorés et, quelques-uns, tant de fois racontés, l'auteur d'*Aziyadé* revient avec des impressions inédites; son œil de peintre y a découvert des formes nouvelles, et sa sensualité curieuse, des perversités neuves.

Mais l'amour de la mer subordonne tout en lui. Par une pente comme celle des fleuves, sa pensée y court. Ou plutôt il ne la quitte jamais. Ses séjours à terre ne sont que des escales. A peine semble-t-il s'éloigner de « la grande chose attirante » qu'au premier tournant elle lui apparaît en échappées, ou bien un coup de brise lui apporte sa rumeur prochaine. Même ses amours sont troublées et, à l'improviste, coupées par les rappels de la grande jalouse.

Le meilleur de lui-même, — j'entends de son art, — il le lui a donné. Jour par jour, au hasard de ses aventures, il a écrit le poème de l'élément instable. Il l'a chanté, bord, surface et fond, faune et flore, gens de mer, choses de mer, et la mer elle-même, depuis la crête de ses vagues jusqu'aux régions obscures où une végétation de pierre bâtit des îles.

Les côtes d'abord, leurs courbes, leurs pointes, la pente de leurs plages, l'escarpement de leurs falaises, l'architecture de leurs rochers. Et il ne se contente pas de les décrire en traits généraux, rien n'étant plus éloigné de son talent que l'ample rhétorique. Chacune des terres qu'il aborde apparaît avec sa physionomie propre : les îles polynésiennes et l'anneau de corail qui leur fait une ceinture de récifs, leurs grands mornes surplombants, les cocotiers et les lauriers-roses qui se penchent sur l'eau de leurs baies; les lignes tourmentées de Ténériffe, les arêtes vives de ses montagnes et l'édifice de son grand cône; le

rivage breton, — combien de fois et avec quels
détails, — les blocs étagés de Roscoff, les Têtes
Noires qui annoncent Brest, le pays de Léon et
les silhouettes de ses trois clochers, « ayant l'air
plantés là tout seuls au milieu d'un désert de
granit », Pors-Even, Paimpol... Et, sur la découpure fine de cette côte armoricaine, nous
comptons les hameaux de pêcheurs qui s'épar-
pillent. Tout à l'heure nous visiterons les maisons basses, blotties sous leurs toits de chaume.
Pauvres huttes, toute l'année battues par l'âpre
vent du large, des rafales s'y engouffreront quand
nous en ouvrirons la porte, et nous y ferons
« des entrées brusques, comme lancés par une
lame de houle ».

Chemin faisant, nous reconnaitrons la végétation pauvre et courte que la mer tolère dans
ces parages. Michelet déjà l'avait décrite et,
avant lui, Chateaubriand. Mais tous deux sont
surpassés. Chaque fois qu'il traverse la lande
bretonne, le « frère » d'Yves Kermadec trouve
des mots nouveaux pour caractériser cette flore
indigène. Ajoncs ras, bruyères et genêts, plantes trapues aplaties sur le sol dur, arbres étran-
glés entre les pierres, tordus et couchés par le
grand souffle d'ouest. Dans les bas-fonds seule-

ment, dans les replis de terrain abrités des tourmentes, peut s'épanouir la verdure neuve des printemps, aubépine, giroflée, hautes graminées odorantes.

Et, tandis qu'il herborise, le bruit du flot vient à l'oreille du marin. *Sonitus aquarum multarum*, dit Isaïe... *multitudo maris sonantis*. Depuis la Bible et Homère, quels noms n'a-t-on pas donnés à cette rumeur des eaux? De quoi est-elle faite? Des lames froissées entre elles ou brisées, du roulement des galets, du vent... Tantôt simple monotonie rythmée, tantôt clameur folle. Pierre Loti enregistre toutes les inflexions de la grande voix, toutes les variations de son timbre, ses repos, ses reprises, ses grossissements, ses notes minces et filées...

Grésillement des embruns folâtres, clapotis des petites lames qui se jouent, sons de flûte très doux de la brise dans les mâtures, frôlements de soie, froissements de moire aux flancs des bateaux, jamais l'harmonie caressante de la mer tranquille n'a été transcrite avec pareil luxe d'images et de mots inventés. Et la tempête, les coups de bélier de la houle, les sifflets aigus, les hurlements, toute la musique d'effroi des mauvais jours, qui donc en a ainsi noté l'orchestration ?

Un soir, dans une cabane de Ploubazlanec, on dirait « un son lointain de grandes orgues d'église jouant des airs méchants ». Une autre fois, on croirait entendre de gros canons de marine ; ou bien c'est « un seul cri continu, renflé, à plein gosier, à cou tendu... »

« ... Seigneur, seigneur! Qu'est-ce que le marteau
« Fait à cette heure, sur l'enclume ? »

s'écrie Victor Hugo :

. . . .
« Dieu! quels événements d'airain, quels rois de fer,
 « Quels géants à l'horrible forme,
« Vont sortir de votre ombre, et qu'allons-nous donc voir?
« Ainsi je rêve au bruit que fait sur le ciel noir
 « Le soufflet de la forge énorme. »

Mais, là et ailleurs, il ne décrit qu'une tempête idéale, *la Tempête*. Loti, lui, raconte *tel* orage, *telle* bourrasque, *tel* grain. C'est celui-là et non pas tel autre ; — non point une abstraction de tourmente, mais celle qu'il a traversée, subie, qui l'a flagellé de ses embruns, avec ses épisodes, ses colères propres, l'accent particulier de sa clameur. Et c'est autrement poignant, et ce corps à corps, dont on suit les alternatives, avec un ennemi concret, individuel, si j'ose dire, émeut d'autre façon que les plus puissantes généralités.

D'autant que Loti fait voir, en même temps qu'il fait entendre.

Des peintres de l'eau, nous en avons d'autres ; Maupassant, par exemple. Mais Maupassant se plaît surtout à l'eau douce, aux sources suintantes qui « vivifient la terre comme du sang, » aux ruisseaux des vallons normands, aux petites rigoles branchées qui font tourner les moulins, aux rivières, à la Seine, à la Marne... avec les baignades du dimanche et les canotages de grisettes. Il aime aussi — et combien ! — les marais, la vase trompeuse, le vert intense des herbes qui s'y nourrissent de moisissures, la vie pullulante des bêtes visqueuses qui s'y traînent. Au soleil couchant, il s' « enivre » et s' « affole » à voir le ciel, les nuages et les oiseaux noyés dans une flaque d'eau, autour d'une feuille de nénuphar. Enfin il aime la mer, et il sait dire sa poésie. Mais ses bordées sont courtes. D'Antibes à Cannes, à Saint-Raphaël, à Saint-Tropez, à Monte-Carlo, il ne perd pas de vue la Corniche. Et, de Cannes à Gênes, même à la pointe de Porto-Fino, c'est toujours le flot bleu de la Méditerranée, « l'eau féminine » (1).

La muse de Richepin a plus navigué : je ne sais guère que lui qui se puisse comparer à Pierre Loti pour la science de la mer, je veux dire pour l'art de voir et de peindre la vague :

> « D'abord, un frisson sur la plaine
> « De satin vert aux reflets bleus ;
> « Puis un grand pli, large, onduleux,
> « Que par-dessous gonfle une haleine.
> « Ensuite une barre d'acier
> « Rectiligne et raide d'arête ;
> « Après, un mont à blanche crête,
> « Comme une Alpe avec son glacier. »

Pourtant les tableaux de Loti sont plus riches encore. D'abord, les cuirassés qui le portent le mènent plus loin que le poète son yacht. Or, que de différences dans l'aspect de la plaine liquide, suivant les parties du monde ! La vague dorée des mers équatoriales ignore les teintes neutres, les grisailles profondes de la mer d'Islande. Des bancs de brume voyagent, au ras des eaux, sur l'océan hyperborée. Sur la mer Rouge, les bateaux laissent un sillage couleur de sang.

D'ailleurs, sans changer de latitude, la seule vue

(1) Voir dans le *Correspondant* du 25 janvier 1892, p. 253, la belle page d'un critique anonyme sur Maupassant peintre de l'eau.

du grand désert mouvant suffit au luxe varié de
ses tableaux. Profondeur autant qu'étendue. Par
une descente infinie à travers les couches denses, les lourdes masses entassées, il nous entraîne
aux *dessous* mystérieux. Nous suivons avec lui le
matelot mort qu'on vient d'immerger dans sa
gaine de toile, jusqu'aux abîmes inconnus où une
animalité lente, quasi végétale, va l'assimiler à
sa vie rudimentaire. Mais c'est le *dessus,* la surface mobile qu'il se plait surtout à décrire : le
miroir lisse du calme, les marbrures que fait le
vent, les grosses levées de houle, puis les lassitudes, les apaisements de la lame.

Car l'Océan de Loti a des sentiments. Souvent
il est question de ses airs de bonté ou de malice.
Il veut, il s'irrite, il se venge. C'est un être, une
personne; ou plutôt c'est une puissance figurée
en un géant synthétique. Cette œuvre d'idéalisation, — capter une force élémentaire et lui souffler une âme, — d'autres, tous les poètes, je
crois, l'ont essayée. La mer de Michelet est une
étrange et terrible « fée ». Zola, qu'il faut
bien compter, lui aussi, parmi les poètes, et
dont le symbolisme brutal crée tant de monstres,
a trouvé celui-là tout vivant, et il l'a choisi pour

le complice, puis pour l'ennemi d'un de ses héros (1).

Mais Loti prête à sa mer, à lui, des passions nouvelles, plus compliquées, plus humaines, sans amoindrir ses appétits engloutissants. Anthropomorphisme formidable.

Elle aime le matelot d'un amour despotique, qui l'enveloppe. A toutes les minutes de sa vie, elle est là qui s'impose à lui, non seulement lorsqu'elle le tient sur son dos, mais à terre, où elle le suit de sa rumeur jalouse. Elle couvre ses chansons, elle défend ou tolère ses fiançailles, elle parle plus haut que tous au repas de noces ; il faut qu'on lui présente la mariée, et encore lui fait-elle « mauvais visage » ; elle gronde pendant la première nuit d'amour. « La grande dévorante », en vain les croix des falaises étendent-elles leurs bras pour l'apaiser ; elle vient jusque dans les cimetières troubler le repos des morts. C'est qu'ils lui ont été volés, ceux-là. La gloutonne d'hommes, elle les désire tous, elle voudrait les prendre tous et n'en rendre aucun. Et eux l'aiment follement, comme une maîtresse meurtrière.

(1) *La joie de vivre.*

« — Tout le temps, tout le temps pêcher? — demande Gaud à son mari.

« — Tout le temps.

« — Et on ne s'ennuie jamais ?

« — Jamais! dit-il avec un air de conviction qui lui fit mal ; à bord, au large, moi, le temps ne me dure pas, jamais !

« Elle baissa la tête, se sentant plus triste, plus vaincue par la mer. »

Et la petite chose flottante, fragile, ballottée sur l'immensité, le bateau, a son âme aussi. C'est un organisme vivant, avec des nerfs moteurs, des fonctions, de la vie ; et si svelte, et si léger, avec ses ailes éployées ; — le frère de l'oiseau. Dire que Richepin y a trouvé thème à chanson obscène..... Ah! que Loti l'aime et sait le décrire. Le sang circule, les artères battent, une volonté qui s'exprime par les trilles d'un sifflet actionne ces muscles qui sont la barre et les cordages ; le corps se meut, il avance d'une marche penchée et oscillante. C'est celle de tous les bateaux. Chacun pourtant a son allure propre et, en quelque sorte, son déhanchement, comme chacun a sa silhouette de voilure et de carène. Et, pour qu'au premier coup d'œil nous reconnaissions les siens,

Loti nous donne leur signalement. Quel bon navire que la *Marie :* pas de première jeunesse, mais râblé et si solide! « Ses flancs épais, à vertèbres de chêne, étaient éraillés, rugueux, imprégnés d'humidité et de saumure, mais sains encore et robustes, exhalant les senteurs vivifiantes du goudron. Au repos, il avait un air lourd, avec sa membrure massive, mais quand les grandes brises d'ouest soufflaient, il retrouvait sa vigueur légère, comme les mouettes que le vent réveille. Alors il avait sa façon à lui de s'élever à la lame et de rebondir, plus lestement que bien des jeunes, taillés avec les finesses modernes. » La *Circé* est mince et rapide. Le *Primauguet* a « de petits trémoussements joyeux de poisson qui s'amuse ». La *Gyptis* est « fatiguée de courir »; elle porte encore de grandes voiles comme jadis; elle s'en va « pour la dernière fois de sa vie » en station dans la mer de Chine. Ne dirait-on pas qu'il s'agit d'un vieux gabier à la veille de la retraite? Mais voici qui est mieux : les bateaux ont une moralité; il y en a d'honnêtes et de scélérats. Un baleinier accosté dans les mers australes avait « la tenue d'un bandit ». Enfin leur agonie est presque humaine : tout au moins se débattent-ils « comme des bêtes en détresse ». Et qu'est-ce qui ressemble plus à un cadavre qu'un bateau mort!

Le sang de ce corps, c'est l'équipage, c'est-à-dire une collection d'hommes dont chacun est « un générateur de force ». Ces hommes, vivant d'une vie spéciale, annihilés comme individus, presque toujours isolés du monde, diffèrent des autres. Ils ont un physique, des sentiments, des mœurs à part.

Loti les peint robustes et agiles, désinvoltes, « une aisance de fauves ». Leur poitrine s'élargit aux rudes manœuvres et à l'air vivifiant. Leurs muscles sont de fer. Le bras du matelot grimpeur est quelque chose de souple et de dur qui résiste à tout, le *lieu* de sa vigueur, ce que la maladie ne détruit qu'à la fin. Jean Berny mourant (*Matelot*) retrouve encore dans les siens « quelque chose d'un peu ferme » pour se hisser de l'infirmerie sur le pont et respirer une dernière fois l'Alisé pur. Et la main du gabier... Loti serre fort celle de son « frère » Yves, après une réconciliation. Il nous explique que ces mains-là ne sentent pas les étreintes ordinaires. Pauvres grosses mains rudes, depuis la première déchirure, les callosités s'y superposent, une carapace s'y pétrit qui couvre les doigts comme un gantelet. Les ongles écrasés aux vergues, déformés en crissant sur la toile mouillée des huniers, poussent bizarres et courts (1).

A terre, les marins se reconnaissent aisément à la démarche. Loti décrit leur façon de *rouler* toujours, même sur le sol ferme. Il les suit, — jamais bien loin de l'eau, puisqu'un instinct les retient au bord. Il les crayonne à la côte, la silhouette détachée sur la ligne d'horizon, « l'air de guetter au loin, de veiller sur le large ». Ou bien il les surprend en *bordée,* titubant dans les rues des ports, puis gisant dans le ruisseau, pour les retrouver après dans la cale, aux fers.

Enfin il raconte la vieillesse, l'usure spéciale des gens de mer, épuisement de la bête surmenée, tarissement de la vie dépensée sous tous les climats, aux travaux de force, aux nuits de quart, à toutes les aventures des escales. Lisez dans *Propos d'exil* la fin de ce *vieux* dont on voudrait expurger les souvenirs, mais qui est si touchant, seul dans sa maisonnette, à mi-hauteur de la falaise, où il attend la mort, en face de la mer.

(1) Voir sur le physique du matelot, Gens de mer, par l'amiral Pallu de la Barrière.

C'est de la psychologie, ces soixante pages, et je ne sais vraiment pourquoi quelques personnes reprochent à Loti de n'en point faire assez. Ses livres contiennent, me semble-t-il, précisément celle qu'il y faut, l'analyse très simple d'êtres primitifs, sauvages comme Rarahu ou frustes comme Yann Gaos. Et ne vient-on pas de qualifier « roman psychologique » son *Matelot?*

Déjà nous l'avions tout entier dans *Mon frère Yves* et dans *Pêcheur d'Islande,* le portrait moral du marin. Jean Berny, sans doute, a de la culture, il a été admissible au *Borda,* même il rouvre de temps en temps ses cahiers de collégien. Au fond cependant, c'est une âme presque aussi peu compliquée que le Marec et Joal, que tous les grands enfants qui chantent autour de lui :

« Vieux Neptune, roi des eaux... »

Car ce sont bien des enfants, les matelots. Naïfs et bons, ivres de santé et de force, gais d'une gaieté à eux, avec un pittoresque de langage tout trempé d'eau de mer. Mais en même temps durs à eux-mêmes, rudement pétris par la discipline, insouciants avec un brin de fatalisme, êtres passifs, habitués à s'en aller « emportés comme une chose », sans savoir où. Dans leur cerveau, la pensée bat d'un rythme lent, aussi paresseuse que ces mélopées traînantes dont ils se bercent durant les solitudes du large. L'excès de la vie physique développe en eux l'animalité. Leurs joies, lourdes et brutales, sont faites de vigueur surabondante. Aux relâches, après les continences du bord, la bête trop souvent se débride.

Beaucoup cependant conservent une pureté intime. Je ne parle pas du jeune Sylvestre Moan, qui mourut dans sa chasteté première, innocence exquise sous une enveloppe virile, la plus gracieuse figure qu'ait créée Loti. Mais Yann, qui a connu plus d'un amour de hasard, garde dans son cœur « une région vierge ». Et voilà pourquoi il se trouble devant Gaud. Suivez-le dans toutes ses rencontres avec elle. C'est lui qui est le timide; il détourne les yeux quand elle le regarde, il voudrait fuir, un afflux de sang teinte sa joue sous le hâle. Un jour, pour ne pas la frôler, il se range contre un talus « d'un bond de côté, comme un cheval ombrageux qui se dérobe ». Enfin, une fois sa demande osée, combien sa cour est-elle respectueuse et ingénue... Oui, ces simples ont « le sentiment inné de la majesté de l'épouse »; à leurs yeux, « un abîme la sépare de l'amante, chose de plaisir ». Loti, qui ose parfois des peintures si hardies, a observé cela, et il a mis cette pureté dans son œuvre. Il a trop le sens du vrai pour nous donner jamais le pendant de *la Terre*.

Sur un point pourtant, je crains qu'il n'ait pas bien vu. Ses matelots sont superstitieux, point religieux. Sous un dehors de pratique, hymnes à la Vierge au départ, — je parle des pêcheurs, — vœux, prières pour les morts, ils gardent un matérialisme foncier, et ils ne croient guère à la survivance.

J'ai peur que le romancier n'ait prêté à ses héros ses négations ou ses doutes. Notez que presque toujours il s'agit de marins bretons. L'anticlérical Yves Kermadec doit être d'espèce rare au pays de Léon, et Yann Gaos et ses compagnons *islandais,* avec leur dévotion aux défunts et leur vénération pour la terre bénite qui entoure les églises, ne sont pas bien convaincus, j'imagine, que « les hommes, c'est comme les bêtes ».

L'auteur, du reste, n'est pas si sûr lui-même qu'il le dit de leur incroyance. Un jour, raillant son ami Plumkett, le sceptique humoriste, il opposait à « l'angoisse finale » des esprits forts comme lui la mort sereine de pauvres matelots, « tendant leurs mains au Christ avec une prière enfantine, avec un sourire inexprimable ». Voilà bien la foi, la foi jusqu'à l'*au delà*.

Pourquoi donc cette fausse note matérialiste dans ces romans si francs, où la philosophie n'a que faire? Pourquoi, quand d'ailleurs on aime le vrai et qu'on le peint si juste? Et, à défaut du souci de la vérité, une loi de l'art ne prohibait-elle pas de gâter leurs signes de croix à ces « simples » meilleurs que les « sages » ?

Regrettons d'autant plus cette faute que les tableaux funèbres abondent chez Pierre Loti. Un de ses livres est dédié à la mort, et l'on peut dire qu'elle plane sur son œuvre. Qu'on la voit venir de loin dans *Matelot!* Le *Roman d'un spahi* se termine sur un hymne macabre. *Pêcheur d'Islande* porte un crêpe, une angoisse pèse sur ce livre. Avant même qu'une balle ait abattu Sylvestre dans la rizière tonkinoise, on a le cœur oppressé ; un mot, de temps à autre, sonne comme la note isolée d'un glas lointain qui se rapproche. Jusqu'aux fêtes de matelots qui sont en deuil, dans cette belle et triste histoire : « Et près d'eux, la mer, leur tombeau de demain, chantait aussi. »

La mer, c'est le grand ministre de mort de Pierre Loti, et en même temps l'inspiratrice de sa métaphysique, sorte de naturalisme vague qui absorbe l'homme, âme et corps, dans un tout en éternelle évolution. A vrai dire, ses contacts répétés avec les Hindous n'y sont peut-être pas étrangers, et il entre certainement du bouddhisme dans sa conception du monde. Plumkett, son confident, aspire à « un certain *nulle part* fait d'inconscience universelle », qui ressemble joliment au *nirvana*. Lui-même, racontant ses pèlerinages aux pagodes, parle avec envie, dirait-on, d'un *au delà* qui est le « néant,... éternité sans souffrance ni bonheur... paix dans l'absolu *rien* ». Ajoutons que le jeu d'apparences qu'est pour lui la vie rappelle de bien près les prestiges de *Maya*. Le monde, phénomène incessamment renouvelé d'une substance unique, sans origine et sans terme ; un être primordial indéterminé se formulant dans des créatures en perpétuelles vicissitudes de naissance et de mort, voilà, si je ne me trompe, la philosophie qui s'ébauche dans ses récits. Et l'Extrême-Orient, on le sait, est bien fait pour la suggérer, avec son climat qui accélère le jeu de la vie jusqu'au vertige, ses ardeurs à créer et à tuer, ses fermentations et ses fièvres.

Mais le spectacle de l'incommensurable puissance de l'eau paraît surtout avoir déterminé son panthéisme. Une nuit, dans les mers d'Islande, un horizon sans point de repère ni âge géologique le fait songer à « *l'éternité* des choses qui *sont et ne peuvent se dispenser d'être* ». A la face de cet infini, l'homme lui semble je ne sais' quoi d'infime, toujours en voie de s'absorber dans l'abîme universel. Le *Credo* en l'immortalité qu'il formule devant Yves et Barrada, après l'immersion de Barazère, il n'essaye guère de nous le faire prendre au sérieux. Il n'est pas jusqu'à l'herbier géant de la mer, cette végétation qui enserre et dévore les corps dans le lacis de ses ramures, et jusqu'à ses grands oiseaux, chantres de mort, « mangeurs de débris », qui ne lui apparaissent comme les agents de la souveraine « Transformeuse ».

Mais laissons ces choses.

Qui donc ouvre un livre de Loti pour y chercher de la métaphysique ? Les uns vont à lui avec la curiosité des pays étranges, et il les enchante. Les autres lui demandent la mélancolie sensuelle, le poison qui endort la pensée en des rêves amollissants, et ils ont trop lieu d'être satisfaits.

D'autres enfin se plaisent à ces courants d'air salin qui, en tous sens, traversent son œuvre comme pour en chasser les énervantes senteurs de harem.

Qu'il est sain, ce vent du large! Et quelle mer que celle de Loti! De quelle furie superbe dans la tempête, de quelle majesté sereine au repos! Comment donc de petites phrases coupées suggèrent-elles pareille vision de l'immense?

Et puis, quels francs compagnons que les pêcheurs et les gabiers qui naviguent sur ces eaux-là! Comme on voudrait s'embarquer avec eux! Qu'ils sont beaux dans leur force! Millet, s'il eût voulu peindre des marins, les eût dessinés ainsi, avec cette fierté tranquille, ces attitudes simples et grandes, cette solidité aussi, ces figures taillées à larges pans, et enfin cette âpreté, ce tissu de rudesse qui les enveloppe.

Là est le durable de l'œuvre de Loti.

Déjà quelques-unes de ses « petites amies » dorment au cimetière des jouets brisés, où, sans doute, une seconde mort les attend. Un jour, Rarahu sera oubliée sur sa plage de corail, et, l'an dernier, Loti lui-même avait grand'peine à retrouver la tombe d'Aziyadé. Un jour peut-être aussi, pâlira la couleur de son exotisme, se faneront ses tentures et ses tapis d'Orient, s'effacera la jolie grimace de ses *japoneries*. Alors il restera son épopée de la mer.

UN MOT SUR *JÉRUSALEM*.

Un livre de jadis et un livre d'aujourd'hui.

Le hasard d'une vente vient de faire tomber entre mes mains un vieux livre plein de saveur. Il s'intitule *Voyage d'oultremer en Jhérusalem* et porte la signature du seigneur de Caumont. Il dormait en manuscrit depuis des siècles lorsque M. Delpit le découvrit, voici quarante-cinq ans, au British Museum. Le marquis de la Grange le publia.

Dans les premières années du quinzième siècle, Nompar II, seigneur de Caumont, las des désordres de son temps, — on l'était déjà alors, — demanda aux lettres, puis à la religion, l'oubli de ses dégoûts. Prenant le bâton de pèlerin, il alla en 1418 à « Saint-Jacques en Compostelle » et à « Nostre Dame de finibus terre ». L'année suivante, il se mettait en route pour Jérusalem. Au départ, il pria toutes les femmes de ses terres de dire pour lui, chaque samedi, sept fois l'*Ave Maria*. Ce voyage, entrepris tant pour accomplir un vœu de son père que pour la rémission de ses propres et « griefs péchés », dura un an, un mois et quinze jours. Armé chevalier devant le Saint-Sépulcre et « frappé cinq coups, ha honneur des cinq plaies Nostre Seigneur », il institua, en souvenir de sa pieuse expédition, un ordre de chevalerie qui portait une écharpe d'azur avec une croix vermeille dans le champ d'un écu. Il termine son récit en priant Dieu « que ce soit assauvation de son âme ».

Si vous n'avez pas encore lu la *Jérusalem* de Pierre Loti, prenez, en même temps que ce journal d'un incrédule en quête d'impressions religieuses, ces pages d'un chrétien fervent et naïf. De comparaison littéraire, il ne peut être question entre un livre d'artiste et un recueil de notes sans style. Au point de vue du sentiment, je ne préjuge pas vos préférences. Mais je crois que vous jouirez du contraste.

C'est une belle œuvre que *Jérusalem*, quoi qu'on ait pu dire. Que l'obsession du « pensum » s'y sente, comme quelqu'un l'a écrit, ou, si vous voulez, la commande de l'éditeur, je ne m'en suis pas aperçu. J'ai reconnu l'effort et le talent du descriptif, l'attention du peintre aux jeux de la lumière et de l'ombre, aux vibrations de la couleur. S'il faut lâcher le mot, j'ai pris sur le fait, çà et là, le souci d'auteur. Est-ce donc un crime, cette vanité? Et croyez-vous qu'on ne la surprenne pas dans le fameux *Itinéraire* que Loti n'a pas lu, puisque nous savons qu'il ne lit pas, mais auquel il a dû tout de même songer un peu?

Chateaubriand écrivait à la première page de son récit : « Je serai peut-être le dernier Français sorti de mon pays pour voyager en Terre Sainte, avec les idées, le but et les sentiments d'un ancien pèlerin. » Loti offre le sien à « ceux qui, à jamais incroyants, comme lui, viendraient encore au Saint-Sépulcre avec un cœur plein de prières, des yeux pleins de larmes, et qui, pour un peu, s'y traîneraient à deux genoux ». On a raillé cette profession d'incrédulité souffrante. Des lecteurs qui avaient la mémoire trop fraîche du *Mariage de Loti* ont trouvé suspecte la gravité de ce ton. Ils ont soupçonné l'ami de Rarahu de se composer une attitude de circonstance, un air de Lieux Saints. Cette « note », il est vrai, revient souvent. Combien de fois le nouveau

pèlerin parle-t-il du « consolateur perdu », de la
« lueur souhaitée » ! Je bifferais, si je pouvais,
un ou deux de ces appels à une foi qui ne vient
pas. Quant à y voir une affectation ou une habileté de métier, le *truc* du gendelettres qui exploite le conflit de ses négations et de ses attendrissements artificiels, je m'y refuse; cela me
répugne. On n'a pas le droit de faire à un
homme pareille injure.

D'ailleurs, la sincérité éclate en plus d'un endroit. Lorsque Loti nous confie son angoisse,
« son effroi devant le vide indiscuté, absolu, éternel... », et qu'il s'écrie : « Il n'est donc remplaçable par quoi que ce soit au monde, le Christ,
quand une fois on a vécu de lui... », j'avoue que
je suis ému, dussé-je passer pour dupe.

J'ai cru aussi reconnaître un accent d'âme
dans telles pages d'évocation et de « vision » religieuse; par exemple dans le récit de la promenade à travers les ruines, chez les Filles de Sion.
Au milieu de ces débris millénaires, la rencontre
d'une dalle de pierre, reste probable du Prétoire
de Pilate, qui porte, gravée au couteau, la trace
d'un jeu de marelle, suggère au visiteur une
restitution des scènes de la Passion, vivante et
touchante dans la familiarité de ses épisodes.

C'est encore un très beau morceau, et très vrai de ton, que ce rêve interrompu par la diane des clairons turcs : « Cela avait commencé par un sentiment de suprême mais imprécise tristesse ; quelque chose qui n'était peut-être que la perception plus nette de la fuite irrémédiable de mes jours, des séparations affreuses et prochaines, de la fin de tout. Et puis, peu à peu, mon humaine angoisse s'était fondue en une prière ; le Christ était retrouvé, le Christ de l'Évangile..., et les terrestres fins ne m'atteignaient plus ; et il n'y avait plus de néant, plus de poussière, ni plus de mort ; j'étais arrivé au port ineffable et unique, au refuge des refuges, dans la certitude absolue des éternels revoirs... » Encore une de ces pages dont certains ont voulu sourire. Aucune pourtant, j'en suis sûr, n'a été plus vraiment sentie par son auteur. Si jamais Loti est ramené à la foi, ce sera par l'effroi de la mort.

Ce qui parfois étonne, c'est la facilité avec laquelle, au sortir de ces émotions chrétiennes, il se laisse ressaisir par ce qu'il nomme le « charme de l'Islam ». Là se trahit en lui un dilettantisme un peu déconcertant. La mosquée d'Omar lui est un « lieu très saint », comme le Saint-Sépulcre.

Voilà qui eût scandalisé fort le brave seigneur de Caumont, lui que la seule vue d'un minaret devait irriter et qui avait si grand dépit de la présence de certains Sarrasins à la messe qu'il fit dire en l'honneur de « monseigneur saint Georges ». Il n'eût guère distingué, je suppose, entre l'un de ces « faux chiens » et le plus raffiné des *dilettanti*.

M. EUGÈNE LINTILHAC

ET

« GIL BLAS » [1]

M. Lintilhac est un travailleur robuste et jovial, un causeur exubérant et familier. C'est un Auvergnat mâtiné de Gascon. On lui trouve dans l'esprit le tour, le fond d'accent de ceux qui se gargarisent avec l'eau de la Garonne. On se rappelle une conférence qu'il fit, à l'Odéon, sur Shakespeare, avec une bonhomie à la Sarcey, et comme il badina joliment avec le mouchoir de Desdémone.

Il n'est pas jusqu'au nom de M. Lintilhac qui n'ait une vertu de gaieté par sa sonorité claquante mêlée de grelots; quelque chose comme un bat-

---

[1] *Lesage*, par Eugène Lintilhac. — Paris, Hachette.

tement de castagnettes avec accompagnement de chapeau chinois.

Tout cela le prédestinait sans doute à parler dignement du joyeux Lesage qui, dans sa vieillesse, trouvait encore assez de verve pour « amuser extrêmement ». Le livre qu'il vient d'ajouter à la collection des *Grands Écrivains français* est bien composé, d'une aimable langue spirituelle.

Notre objet n'est pas d'en essayer la critique d'ensemble. Après une sobre biographie de l'écrivain, il entre dans le détail sur l'histoire de son talent, ses trois manières ou, mieux, ses trois époques : période de tâtonnement, période d'affranchissement, période de pleine originalité. C'est à cette dernière que se placent *Turcaret* et *Gil Blas*. Venons-y de suite et attachons-nous à l'œuvre maîtresse, celle où Lesage a versé le meilleur de lui-même, fond premier et acquis, esprit, observation et style; sans compter que l'auteur dramatique s'y montre à l'égal du romancier. Car c'est bien une longue comédie que *Gil Blas*, nourrie, copieuse et drue.

Venons-y donc et voyons comment M. Lintilhac l'a analysé et apprécié, fond et forme, langue, esprit et morale, puisqu'il y a de la morale dans *Gil Blas,* et de la vraie, a-t-on prétendu.

M. Lintilhac a soin de le rattacher à son ascendance, et de déterminer les influences de *milieu* et de *moment* qui ont dû contribuer à le produire.

De ses ancêtres espagnols, un mot seulement. Il y a, on le sait, une *question* de *Gil Blas,* irritante comme toutes celles où des amours-propres sont engagés; et celle-ci est internationale, et c'est l'orgueil castillan qu'elle met en jeu.

Le chef-d'œuvre de Lesage nous appartient-il, à nous Français? Est-ce la pure traduction d'un roman d'au delà des Pyrénées? Tout au moins, notre compatriote s'est-il permis de ces emprunts qui justifient des réclamations et déprécient même un chef-d'œuvre, quand ils sont vérifiés? On ne discute plus, que nous sachions, avec le Père Isla ni avec Llorente.

L'hypothèse d'un manuscrit primitif communiqué à Lesage par l'abbé de Lyonne et copié par lui n'est plus soutenue — si elle l'est encore — que par des Espagnols désespérés. Restent des emprunts qui ne sont pas niables, mais non de nature à faire déchoir le livre de sa haute originalité d'invention, d'agencement et de style. Et sur ce point le débat eût dû être clos depuis longtemps par ces deux lignes de Nisard : « Lesage usa des auteurs espagnols comme Molière avait usé des auteurs de comédies : il y prit son bien. Le bien pris par de tels hommes ne se reprend pas. » M. Lintilhac n'a pas cru, cependant, pouvoir se dispenser de rouvrir le procès. Ne l'en blâmons pas puisqu'il y a mis du neuf.

Pour les livres VIII, IX et XII, les plus âprement revendiqués par la critique d'outre-monts, il établit, par les confrontations de textes les plus probantes, que l'auteur a puisé à des sources françaises, Valdory notamment. Voilà donc l'étranger désintéressé et le différend réduit à une affaire de famille.

Mais M. Lintilhac a raison de le dire, là n'est pas le vrai problème.

Sous quelles influences, à travers quels conflits de genres est né *Gil Blas?* Un type achevé est l'aboutissement d'une série d'essais plus ou moins contrariés. Avant la perfection atteinte, des ébauches se sont succédé. Le réalisme, dans notre littérature, ne commence certes pas à *Gil Blas*. Mais *Gil Blas* est le premier roman réaliste français à l'état d'œuvre accomplie, le premier individu de l'espèce en possession de tous ses attributs, avec le plein développement de ses organes. Où sont les exemplaires manqués, les prototypes informes?

Ainsi, j'imagine, M. Brunetière posera, un jour, la question. Et si M. Lintilhac ne la formule pas avec cette terminologie évolutionniste, peut-être la théorie est-elle au fond de sa pensée.

De 1688, date des *Caractères,* à 1715, année de la naissance de *Gil Blas,* s'étend une période ambiguë, sorte d'entre-deux, de région vague du *devenir*. Des genres vont disparaître, d'autres s'annoncent. Pour peu qu'on remue ce sol, on y déterre des *fossiles de transition*. Le roman d'amour, métaphysique et poétique, est en train de passer avec les aventures pseudo-historiques de Mme de Murat, de Mlle de la Force, de Mme Durand, de Mme d'Aulnoy. Le roman réaliste commence, engagé encore dans la gangue du burlesque. Entre les imitations de la *Princesse de Clèves,* « amalgame impertinent de féeries et de galanterie », et les parodies qui s'appellent *Francion,* le *Roman comique* et le *Roman bourgeois,* le public oscille. Et pourtant quelque chose va prédominer, le goût de la vérité. Ce qui vaut encore des lecteurs aux nouvelles comme le

Comte Dunois, c'est leur faux air d'histoire. Les audacieux mémoires apocryphes de Courtilz de Sandras et les vifs récits d'Hamilton viennent à leur heure. Les mémoires authentiques, qui forment une littérature, finissent de pousser dans le sens du vrai. Alors paraît *Gil Blas*, le type inconsciemment élaboré, l'exemplaire parfait, terme des essais mal venus et des combinaisons incertaines. Il s'ébauchait dans l'esquisse caricaturale de Charles Sorel. Furetière avait donné un grossissement épais de cette réalité qu'il exprime au juste. Du romanesque à l'ancienne manière, il en garde de quoi contenter, de temps à autre, par intermèdes, ceux qui ne s'en peuvent passer. De l'histoire accommodée, agrémentée, en voici des chapitres pour les amateurs des *Mémoires de M. d'Artagnan*. Avant tout, voici une représentation du monde à l'usage de quiconque se plaît à la vue exacte des choses. C'est la « vie telle qu'elle est » que raconte Lesage. Armé de cet « outil universel », qui n'est pas seulement l'esprit, mais la souplesse et l'audace entreprenante, son héros va traverser toutes les couches de la société, et y exercer une faculté observatrice « pareille à ces ingénieuses sondes des naturalistes qui leur rapportent des échantillons de la vie à tous les étages du sol et de la mer ».

Qu'il est vrai, humain — et français, sous son nom espagnol, — le leste garçon qui arpente si allègrement ces lieues de Castille dont chacune, dit-on, vaut une lieue et demie! Comme le chemin lui est âpre à certaines heures, et quel piéton il lui a fallu devenir, depuis qu'il est descendu de la mule de son oncle! Gueux, mais point de mine basse, toujours comptant sur soi et sur la fortune; un jour en pourpoint à manches tailladées, en souquenille le lendemain et d'aussi belle humeur. Un peu *picaro*, — quelqu'un le lui dira, à qui il ne répliquera point, — mais non à la façon de Lazarillo de Tormes, ni, comme lui, « garçon d'aveugles »; instruit pourtant de cette sagesse picaresque qui prescrit de « connaître le temps et de saisir l'occasion », aiguisant son entendement à quelques-unes des écoles de Guzman de Alfarache et « y faisant d'heure en heure son esprit plus substil ».

Il fallait une page vive pour raconter ses états divers et les mondes variés où il nous promène à sa suite. M. Lintilhac l'a écrite : « Avec Gil Blas..., nous entrerons partout et serons de plain-pied avec tous. Nous passerons des cavernes de voleurs aux prisons d'État et aux autodafés de l'Inquisition ; des intérieurs cossus et graves des bourgeois ou des solennelles demeures des grands seigneurs aux hôtels garnis, aux cabarets à la mode, et aux réduits galants, à doubles portes et à doubles visages; des foyers et des loges du tripot comique aux cabinets des archevêques et des ministres; des coulisses du théâtre à celles de la politique; des bureaux d'esprit et des cafés littéraires aux sous-sols et aux galetas des grands hôtels, où les valets font ripaille et où riment les poètes à gages, en attendant que nous les retrouvions à l'hôpital... En la compagnie de Gil Blas *picaro* ou du seigneur de Santillane, nous aurons des confidences de toutes les espèces, depuis les gibiers de potence jusqu'aux grands dignitaires; nous entendrons les cyniques fanfaronnades des bandits réfractaires à l'ordre social, et les humbles suppliques des capitaines ruinés au service et cousus de blessures; le jargon des beaux-esprits et les turlupinades des petits-maîtres; et aussi les creux propos des comédiens, dont l'insolence envers les auteurs ne sera égalée que par celle des laquais favoris du ministre envers les grands seigneurs. »

Sainte-Beuve disait de ce livre : « C'est moral comme l'expérience. » Il faut s'entendre. Il est des expériences saines, il en est d'indifférentes, il en est de corruptrices. Gil Blas a-t-il traversé tant d'accidents sans dommage pour sa conscience, et sa fortune finale laisse-t-elle la nôtre en repos?

Il est convenu qu'on doit l'accepter comme un type moyen de la moralité humaine. L'austère Nisard veut que nous le tenions « pour l'un des nôtres, même à son pire moment, par la certitude que son naturel finira par l'emporter sur ses mœurs ». Et il loue son « honnête fin ». Il assure, au surplus, que Lesage n'était pas homme à vivre pendant vingt années en tête à tête avec un fripon. Eh! mon Dieu! il ne s'est pas si fort déplu à l'intimité de Guzman de Alfarache et du bachelier de Salamanque.

M. Lintilhac s'approprie le jugement traditionnel, en essayant des variantes sur les motifs. Gil Blas a toujours porté dans son fond des « germes vivaces d'honnêteté ». Il a fait de honteux métiers, il est vrai, mais il eût pu faire pis, et il ne l'a pas voulu. Il a vécu avec des brigands, mais quelques jours seulement et contre son gré, et il a fui leur caverne dès qu'il a pu. Il n'a point

consenti à devenir le mari complaisant de Laure.
Même un reste d'honneur et de vertu l'a dégoûté
du service des comédiennes. Ce n'est pas tout.
Suivons-le dans ses situations diverses ; nous le
verrons en constante « évolution vers le bien ».
La nuit qu'il couche chez le marquis de Marialva
et qu'il ne peut dormir, il emploie son insomnie
à l'examen de sa conscience et il se fait à lui-
même d'humbles aveux. C'est l'éveil du sens
moral. A la vérité, des rêves d'or prenant le dessus et la prophétie de l'homme à l'élixir lui revenant en mémoire, « tant de bien peu à peu
l'assoupit ». Mais il a dit « ma conscience », et
c'est beaucoup. Il s'est avisé qu'il en avait une.
Désormais, M. Lintilhac s'en porte garant, il
s'armera et luttera contre les mauvaises tenta-
tions.

Nous allons bien voir.

Mais d'abord, comment M. Lintilhac aperçoit-
il si tard, dans l'âme de Santillane, la pointe du
remords? Dès sa première équipée, sous les
ordres de Rolando, quand il va détrousser le
« bon Père de Saint-Dominique », tout en sortant
du bois et en « poussant vers le religieux », il
prie le ciel de lui pardonner l'action qu'il va
faire. Il s'en tire d'ailleurs gaillardement et aux

applaudissements de la troupe. Et ce n'est pas sa faute s'il n'y a que des médailles de cuivre et des *agnus Dei* dans la bourse qu'il rapporte. Quelque temps après, quand il quitte Valladolid, où il a exercé la médecine sans la savoir et où il vient de faire, en quelques semaines, « autant de veuves et d'orphelins que le siège de Troie », il demande encore pardon à Dieu. Mais il ne laisse pas de « compter avec plaisir l'argent qu'il a dans ses poches, bien que ce soit le salaire de ses assassinats ». Voilà des retours sur soi qui ressemblent singulièrement aux scrupules de la baronne de *Turcaret*. Nous en pourrions citer d'autres d'autant de sérieux et de mêmes effets. Celui que signale M. Lintilhac vaut ceux-là; pareilles en sont les suites.

On félicite Gil Blas de l'assistance désintéressée qu'il prêta au brave Chinchilla. Son rôle en cette occasion fut-il donc, de tous points, honorable? Oublie-t-on par quelle « espièglerie » le capitaine obtint sa pension? Trouve-t-on exagérée la délicatesse qui d'abord lui avait fait « faire la grimace » et n'avait-il pas raison de voir dans le procédé « une ignominie, rétroactive pour ses aïeux » ? Et, si son « orgueil » finit par capituler, s'il devint, pour le besoin de son placet, oncle de Sirena, n'est-ce pas Gil Blas, plus encore que Pédrille, qui le lui persuada?

« C'est bien à la cour qu'il y faut regarder de si près! Sous quelle vilaine forme que la fortune s'y présente, on ne la laisse point échapper. » Le fils de l'écuyer d'Oviédo ne devait pas tarder à mettre lui-même en pratique cet axiome dont il avait fait accepter la moralité au « noble de chaumière ». Comment il s'y prit, quels métiers il exerça, sous la protection du duc de Lerme, on le sait, et nous ne voudrions pas l'écrire en termes crus. M. Lintilhac le juge amélioré par la passion nouvelle que fit naître en lui sa haute fortune : « Alors l'ambition avait envahi tout son être moral. Elle en avait expulsé le *picaro*, pour faire place à un courtisan. On ne saurait nier qu'il n'y eût là un léger mieux. » — En êtes-vous bien sûr? Le *picaro* valait-il moins que l'entremetteur? De qui accepterait-on la main? du Gil Blas des grands chemins ou du commissionnaire du comte de Lemos courant de nuit les rues de Madrid pour « déterrer des beautés obligeantes », marquant à la craie » le logis borgne de Catalina pour le compte du prince d'Espagne? Et qu'on ne parle pas de régénération par l'épreuve. La prison de Ségovie n'a pas eu la vertu purifiante que lui attribue M. Lintilhac. Gil Blas y a médité sur ses imprudences, conjecturé ses chances de libération, pleuré son coffre-fort. Il ne s'est point repenti. Ni sa morale ne s'est affinée, ni son cœur ne s'est haussé. La fortune, quand elle lui reviendra, le retrouvera tel. Le caducée qu'il avait tenu des mains du précédent ministre, il le reprendra de celles d'Olivarès ; par habitude, nous dit-on. Jolie excuse !

Quant à son « honnête fin », on en parle trop. Son bien-être, il le doit sans doute, pour la grande part, à la juste gratitude des seigneurs de Leyva; pas entièrement toutefois. Et, si ses anciens maîtres lui ont fait don de sa confortable demeure, il y a apporté des sacs de doubles pistoles qui représentent bien des *paraguantes*. Ne pourrait-il pas, comme autrefois en quittant le docteur Sangrado, se comparer aux femmes qui cessent d'être libertines, mais gardent toujours à bon compte le profit de leur libertinage ? Parvenu enfin à l'état « d'aise » rêvé par Frontin (1), — un de ses frères, — il n'a plus, lui aussi, qu'à mettre sa conscience en repos. Mais il n'en a cure. Comme le même Frontin, qui doit ses

(1) *Turcaret.*

quarante mille francs à l'heureuse chance « de n'avoir point été fouillé », il va faire « souche d'honnêtes gens ». Il s'est rangé comme se rangeront Crispin et Labranche (1), — encore ses frères ou ses cousins, — une fois pourvus, l'un d'une bonne commission, l'autre de la filleule d'un sous-fermier; honnête homme après fortune faite, *fripon honoraire*. Oui, ces gens-là peuvent fréquenter à Lirias, ils peuvent y amener Marine et Lisette, avec tous les aigrefins de la flibuste. Le châtelain n'a pas le droit de les éconduire.

J'insiste, parce que c'est là, me semble-t-il, le point faible, je dirais volontiers le vice de *Gil Blas*. Dans ce large tableau de la vie, on cherche un véritable homme de bien. Les quelques braves gens que, d'aventure, on entrevoit, — l'orfèvre Salero, par exemple, dont, au reste, nous savons seulement qu'il ne fut pas dépositaire infidèle, — jouent un rôle effacé. L'idéal moral a fait défaut à Lesage. Son œuvre en souffre, même littérairement. Il y manque un centre d'attraction, quelque chose qui aimante les sympathies. Tout au moins avons-nous droit à un

---

(1) Voir *Crispin rival de son maître*.

plaisir de justice qui nous est refusé. Finalement Gil Blas est trop heureux, et il l'a trop peu mérité.

M. Richepin a écrit une bien fine comédie où mûr, riche et embourgeoisé, « Monsieur Scapin » se laisse duper par un Tristan qui n'est autre que ce que lui-même fut jadis et lui joue un de ses anciens tours. On voudrait voir arriver quelque chose de pareil au Gil Blas épaissi qui descend de sa chaise avec solennité, s'appuyant pesamment sur Scipion. Et peut-être les méchants souhaiteraient-ils pis encore au quinquagénaire (1) qui épouse en secondes noces la toute jeune Dorothée.

Ce qu'on goûte sans arrière-pensée, c'est le charme de la langue.

J.-J. Weiss, qui, tous les ans, relisait *Gil Blas*, s'avouait fort embarrassé d'indiquer dans l'un ou l'autre livre une page saillante. Tout y plaît uniformément, ajoutait-il, rien de particulier ne s'y détache... De fait, le poli de ce style n'a rien qui fixe, je veux dire qui localise l'attention.

(1) Gil Blas, lorsqu'il retourne dans sa terre après la disgrâce d'Olivarès, se donne pour un homme qui *commence à vieillir*. Une chronologie sans malveillance peut prouver qu'il ne dit que juste.

C'est la transparence continue, c'est la forme adéquate d'une pensée moyenne, toute de bon sens, jamais plate mais unie. Point d'air de bravoure, ni de virtuosité d'aucune sorte. L'auteur veut être clair, explicite; il vise à tout dire simplement, sans accompagnement de flûte ni de cuivre. Il y réussit.

La critique y trouve peu son compte; c'est là quelque chose qui résiste à l'analyse, comme les corps simples. Nulle trace de procédé; ce qui, en tout, est marque de maîtrise. Qu'on aurait plus beau jeu en face d'un *styliste* de nos jours, avec des outrances ou simplement ce qu'on appelle une *manière!* M. Lintilhac se dédommage aux petites remarques de grammairien, au pointage des locutions populaires et des proverbes, ou encore au relevé des synonymes. Bon exercice, mais qui sent un peu son homme de collège. J'aime mieux le voir louer la légèreté de la phrase, sa prestesse vive qui ressemble à la marche alerte de Gil Blas à travers la vie. On le sait, et il faut renoncer à paraître neuf en le disant, Lesage, pour la forme comme à d'autres égards, fait transition entre le dix-septième et le dix-huitième siècle. Personne après lui n'aura pareil sens de la structure de la période. Nul avant lui n'usa avec une égale aisance de ce style coupé, de cette prose courte et agile, de ce français « armé pour la course et pour la guerre » et qui a fait le tour du monde. M. Lintilhac le définit et l'apprécie en bons termes.

Il est moins heureux peut-être sur l'*esprit* de *Gil Blas*. Et ici je veux déclarer de suite que notre divergence tient à un dissentiment de principe. M. Lintilhac, qui pourtant connait le théâtre, ne semble pas distinguer comme il convient l'*esprit* proprement dit et le *comique*.

Il loue *Gil Blas* des saillies, des traits qu'on y rencontre, ajoutant que « cela ne tarit guère ». Or, c'est ce qui ne s'y trouve que par intervalles et presque par accident. « La comédie, poursuit-il, exige un tout autre genre d'esprit que celui qui assaisonne *Gil Blas*. » Or *Gil Blas* récèle un comique continu, foncier, qui fait sa caractéristique. Voilà qui demande de la précision.

Qu'est-ce que le comique? En quoi diffère-t-il de l'esprit? La question est délicate, non subtile.

L'esprit est une finesse, une adresse, une ruse, une fraude en quelque sorte. Peut-être devrait-on le définir un jeu oblique de l'intelligence qui détourne, esquive, fausse les rapports des choses ou perfidement fait gauchir les mots. Très-variable, d'ailleurs, en ses manifestations; condensé en un trait, ou étendu, épandu en malice diffuse, mais toujours léger, ténu et frêle, dirions-nous. Le comique est plus simple, plus substantiel, plus gros; même il a le caractère habituel d'énormité.

Comparez une lettre de Voltaire et une scène de *Georges Dandin*. Ajoutons que l'esprit est un piège à nous tendu, une mise à l'épreuve de notre aptitude à saisir une imposture déliée, à démêler les fils d'une courte et vive intrigue, tandis que le comique est une erreur inconsciente, méprise grossière, bévue qui s'étale naïvement. L'homme d'esprit est un assaillant qui nous vise; le personnage comique, la victime toute passive d'une cécité morale. L'un s'amuse le premier de ses fines agaceries, sans en avoir l'air toutefois, s'il est homme de goût. L'autre ne s'avise pas qu'il puisse être plaisant; bien plus, il ne l'est qu'autant qu'il l'ignore.

Et maintenant, qu'il faille de l'esprit au poète comique, et que Molière en eût, qui le conteste? Pour extraire de la vie et *élaborer* les ridicules, force est de posséder la clairvoyance de la malice.

Mais voici une différence quasi matérielle et palpable. L'homme d'esprit parle en son nom, et tout se passe de lui à nous. Le poète comique s'efface ; son personnage — un tiers — une fois livré à la scène, il le laisse penser et se mouvoir sous nos yeux, sans intervenir de sa personne. Ce qui a fait dire à M. Louis Philbert, dans un maitre livre sur la philosophie du rire : « Il semble que l'esprit ne nous présente qu'une pure idée et que le comique a la consistance d'un fait. » Et plus loin, pour préciser : « Le comique a un degré bien supérieur de consistance, puisqu'il s'*extériorise* et qu'il se montre à l'état de pleine réalité dans une personne distincte du rieur (1). »

Cela posé, qu'est-ce donc que *Gil Blas?* Une longue comédie, une comédie, moins le rideau et les chandelles, moins le dialogue et la coupe des actes. Et encore les scènes toutes faites y abondent-elles. « Il y a du Térence dans cette raillerie-là », disait Sainte-Beuve à propos du congé signifié à Gil Blas par don Gonzale Pacheco. Ailleurs il qualifie Lesage « une sorte de Molière adouci ». Tout récemment, M. Léo Claretie

---

(1) *Le Rire*, par Louis Philbert.

signalait, en maints endroits, l'armature dramatique tout adaptée et articulée. Mais ce caractère extérieur, — avoué, du reste, par M. Lintilhac, — est pour nous secondaire. Par où le roman de Lesage est comique, c'est par son fond, par le ton soutenu, par l'intime qualité du plaisant qui en fait la trame continue. Gil Blas ne nous amuse que par hasard aux pointes, aux supercheries élégantes, aux astucieuses équivoques de pensées ou de mots qui font proprement l'esprit. Mais de la première à la dernière page de son récit, il nous divertit à l'exhibition naïve des dessous de son âme, à l'aveu de ses fatuités, de ses méprises et de ses déconvenues, depuis l'omelette de Pegnaflor.

Sans doute, il a de l'esprit, et Scipion aussi, et ses autres amis de rencontre, et tous en usent quand il faut. Mais la caractéristique de l'œuvre ne se trouve pas dans ces traits isolés. Oserons-nous ajouter que Lesage, lui, n'en a pas? Non, pas plus que Molière. Ses personnages font rire d'eux; il ne se montre pas pour rire avec nous (1).

Mais qu'importe? Et que nos disputes sem-

---

(1) Ces idées sont analysées avec une extrême finesse dans l'ouvrage de M. Philbert.

blent mesquines en face des chefs-d'œuvre ? *Gil Blas* est là ; lisons, ne gâtons pas notre plaisir. Il nous amusera ; il nous instruira de ce qui se passe sous nos yeux sans que nous sachions le voir, et de ce qui se passe ailleurs où nous ne pouvons ni peut-être ne voulons aller. Si sa morale n'est point sans alliage, il nous fait honte de nos défaillances dans les traverses, il nous montre en action une énergie enjouée, une espérance invincible dans une fortune qui ressemble parfois à la Providence, une faculté de relèvement, de rebondissement sous les coups du sort ; ce qui est bien une manière de sermon pratique.

Il y a, dit-on, des fanatiques de *Gil Blas :* j'en connais ; ce sont gens délicats, qui n'aiment pas les gros vins. L'eau très claire a ses gourmets. On en revient toujours à cette image de transparence quand on parle de ce livre.

L'autre jour, M. Faguet écrivait que la disparition du style, c'est la perfection du style. Et, vérifiant sur Maupassant cet aphorisme de Taine, il définissait les conditions de l'art réaliste à peu près dans les mêmes termes qu'il l'avait fait, il y a trois ans, à propos de Lesage : l'écrivain uni et confondu avec son sujet, ou, si l'on veut, translucide comme la vitre, sa personnalité effacée, les choses seules se présentant telles qu'elles sont, non « déviées, déformées et grossies dans l'imagination d'un poète ». Maupassant est-il donc de la descendance de Lesage? Oui, comme son parrain Flaubert, dont Weiss compare l'esprit à celui de *Turcaret*. Oui, et peut-être plus encore que Flaubert, pour l'observation tranquille, « la bonté de l'œil », et cette façon nette de découper dans le vaste monde son champ de vision propre.

N'exagérons point cependant, et pour plus d'une raison, n'ayons garde de pousser à bout le parallèle. Gageons seulement qu'Olivarès eût félicité le conteur normand sur son style, en ajoutant, comme il fit pour celui de Gil Blas : « Mais je le trouve trop naturel. »

UN NOUVEAU LIVRE

SUR

JOSEPH DE MAISTRE [1]

Ce livre nous vient de Savoie, tout chargé de senteurs alpestres. L'auteur est un montagnard, ce qui veut dire qu'il aime son pays, et tout de son pays, depuis les hautes arêtes de ses glaciers jusqu'à sa flore humble et vaillante. Il prend la peine d'affirmer que ce n'est pas une contrée sauvage, qu'il y pousse du blé, qu'on y travaille de l'esprit — ce dont il est un vivant témoignage, — que les femmes y sont belles, — ce que nous voulons bien croire.

L'objet de l'ouvrage est de peindre Joseph de Maistre avant la tourmente qui le chassa de son

---

(1) *Joseph de Maistre avant la Révolution. — Souvenirs de la société d'autrefois*, par François Descotes.

pays; son enfance et sa jeunesse, sa famille, ses amis, ses *entours,* y compris le milieu social et physique où germa son génie. Et le programme est rempli à notre satisfaction... peut-être au delà. Car, à vrai dire, tout n'est pas utile dans ces deux volumes, et, sans doute, M. Descotes n'a pas entendu composer avec rigueur. Tels développements sur les *princes-loups* de Savoie, sur les voyages et les mariages royaux, n'entrent pas strictement dans le sujet. Mais ce serait ingratitude de lui reprocher les paysages qu'il dessine en marge de son livre et l'herbier odorant qu'il glisse entre les feuilles.

Un bonheur fortuit lui a mis la plume à la main. Un jour, à Saint-Genix, entre les pages d'un *censier*, des notes lui tombèrent sous les yeux, où le nom de Maistre revenait souvent. Ces notes portaient leurs dates; elles constituaient un ensemble, un *journal;* celui qui les avait écrites, Gaspard Roze, était le collègue de Joseph au parquet du Sénat de Savoie, et son intime. M. Descotes sentit de suite la valeur du document, et il se promit de le mettre au jour. Puis, comme la fortune vient toujours aux riches, de nouveaux trésors s'offrirent à lui : les archives de Beauregard, de la Sarraz, celles du baron Charles de Bullet, de la baronne Demotz de la Salle... Alors son plan s'élargit, et ses tomes grossirent.

Les Maistre sont sortis de Toulouse. Aux quinzième et seizième siècles, leur ancienne lignée fournit des *capitouls*. Dès le commencement du dix-septième, une branche se détache du tronc et pousse des racines à Nice, pour se transplanter à Chambéry, cent ans après. Elle s'y acclimata, comme on sait, sans perdre sa marque originelle. La sève méridionale fermente dans le cerveau de Joseph, et il voit circuler dans les veines de sa *petite Adèle* « le soufre de Provence ».

C'était une austère figure que ce François-Xavier de Maistre qui, en février 1740, faisait son entrée à Chambéry. Le buste de Bissy (1) met sous nos yeux les lignes étranges et les durs reliefs de cette tête, entre les gaufrures symétriques d'une perruque rigide : la carrure du front, l'enfoncement de l'œil sous l'arcade, la saillie forte du nez, la large ossature du menton et les plis droits de la joue encadrant la lèvre

(1) Reproduit à l'héliogravure, en tête du tome II de l'ouvrage.

rentrante. Rude homme et rude magistrat ; un bloc de granit, dit M. Descotes. A la tête du parquet d'abord, puis second président au Sénat, jamais une émotion ne l'effleura dans l'exercice de la justice, si terrible fût le cas. Toute concession à la pitié eût été, à ses yeux, prévarication, en même temps que défaillance de cœur. La preuve administrée, il frappait, quoi qu'il en pût advenir, dût son arrêt envoyer à la mort un malheureux comme ce Prunier qui, le 2 mai 1775, fut pendu pour avoir volé 300 francs à M. de Salins. Aussi juste d'ailleurs qu'il était sévère. Il ignora même l'approche d'un ressentiment personnel. Un jour, un plaideur dont jadis il avait eu à se plaindre, ayant cru bon de lui dépêcher un ambassadeur chargé d'excuses, sa réponse fut une énergique variante du mot de Louis XII : « Ah ! l'animal, il croit que je m'en souviens... »

Chez lui, il incarnait l'antique *patria potestas*, menant tout et tous « tambour battant », exigeant que son orageuse volonté fût comprise, à peine formulée. Quand, à certaine heure, il paraissait sur le pas de la porte du jardin, ses enfants savaient que la récréation était finie, et, avant qu'il dit un mot, boules et volants s'arrêtaient. Nos pères du siècle dernier entouraient volontiers leur autorité de ce prestige redouté. François-Xavier de Maistre ne rappelle-t-il pas, en quelques-uns de ses traits, ce Jean-Antoine Riquet de Mirabeau dont son fils disait : « Je n'ai jamais eu l'honneur de toucher la chair de cet homme respectable » ?

La femme du président de Maistre, — la mère de Joseph, — depuis longtemps nous la connaissons, et le livre de M. Descotes ajoute peu à ce que nous savons de sa haute distinction morale. Il nous plaît pourtant d'apprendre quelques détails sur ces Demotz dont elle est issue : « Vieille famille de robe, lignée de belle venue, craignant Dieu, aimant le prince et servant la patrie ; l'aîné entrait généralement dans la magistrature ; les cadets allaient à l'armée, au clergé ou dans quelque abbaye. »

En vingt-quatre ans de mariage, Christine Demotz eut quinze enfants, dont dix lui survécurent. Joseph, le troisième, devint l'aîné par la mort de ses deux sœurs Marie-Josèphe et Marie-Jacqueline. Combien de fois a-t-il dit ce qu'il devait à sa mère, sa « sublime mère » ! Elle forma son intelligence et son cœur, l'allaitant de christianisme, le berçant de la « musique » de Racine, tempérant ce que la *paternité sénatoriale* (1) du président avait de trop austère.

Aussi bien avait-elle, en ce fils, une rare matière à pétrir. Grave dès l'enfance, énergique, droit, avec une inflexibilité native corrigée de tendresse, il semble qu'on puisse voir en son père l'âpre esquisse et comme l'ébauche non retouchée de sa nature morale. A quinze ans, il terminait ses études classiques, « escholier modèle » des Jésuites. Il prenait aussitôt la *cagoule* de lustrine des Pénitents noirs, et jamais ne devait faillir sa puberté chaste.

N'allons pas imaginer qu'il fût d'humeur sombre, ni que l'hôtel de Salins (2) eût des airs de couvent. M. Descotes nous présente la jeune famille en un groupe charmant « comme un bouquet de cyclamens ». Tribu joyeuse qui, les vacances venues, s'éparpillait dans les terres de la famille et des amis, à la Bauche, à Bissy, à Sonnaz, à Saint-Genix, au Bourget…, battant les champs de trèfle giboyeux, pêchant la truite dans les eaux vives des montagnes, fouillant les ruisselets peuplés d'écrevisses, jouant aux vendanges

(1) Le mot est de Sainte-Beuve.
(2) Hôtel habité par les Maistre, — reproduit au tome I de l'ouvrage de M. Descotes.

et aux pressailles. C'était, — après Joseph, — Nicolas, André, qui devait entrer dans les Ordres et qu'on appelait *le doyen, le frère pope,* puis Christine, Anne, Marthe, Jeanne et Thérèse, et Victor, et Xavier.

Xavier, le *sauvageon,* le rêveur, distrait aux réprimandes, « paresseux comme un lazarone, entêté comme une mule de Tarentaise », dit M. Descotes, dont les images sont savoyardes, — Maistre ne comptait guère sur cet enfant-là pour soutenir l'honneur du nom. L'indolent, le lymphatique, réfractaire aux jeux comme à l'étude, on était venu à le regarder comme un être incomplet. En famille, on l'appellait *ban,* vieux mot du pays qui signifie à peu près « cancre ». L'air de la Bauche éveilla cette nature sommeillante. En désespoir de cause, on avait confié le garçonnet endormi au curé de cette paroisse, l'abbé Isnard. Il revint avec un esprit vif, rompant ses bandelettes de momie, se prenant à aimer la lecture, le dessin, s'échappant, après une leçon de grammaire allégrement suivie, pour croquer le béguin de la servante, ou la mare aux canards dans le pré voisin, ou la vache sous les pommiers. Rêveur encore, enclin aux extases d'artiste ; il le restera toujours. Un soir d'été, —

en 1838, ce qui lui donne soixante-quinze ans, — chez son ami le comte de la Chavanne, à Leysse, il sort du salon, prend une allée du parc, et ne revient plus. On le cherche, on organise une battue en règle ; et, au bout d'une heure, on le trouve étendu à plat ventre, au bord de l'étang, sous un rayon de lune, en train de lancer des bateaux de papier et de regarder courir des araignées d'eau. Sa femme disait à ses amis d'enfance : « *Ban* vous me l'avez envoyé, *ban* je vous le ramène. » Ajoutons, avec M. Descotes, *ban* à la façon de La Fontaine, de ceux qui écoutent chanter leur poésie intérieure, et qui écrivent nonchalamment des chefs-d'œuvre.

Seul de la famille, aux jours de son enfance engourdie, Joseph, son parrain, avait deviné l'essor futur de cet esprit paresseux. Plus tard, le grand frère eut une prédilection pour ce filleul. Rapprochés peut-être par la loi des contrastes, une intimité plus que fraternelle les unit, et quelques mois avant de mourir, Xavier pouvait écrire au marquis de Gabriac : « Mon frère et moi, nous étions comme les deux aiguilles d'une même montre ; il était la grande, je n'étais que la petite ; mais nous marquions la même heure. »

Hors de sa famille, Joseph de Maistre s'était choisi de précieuses relations, où nous fait entrer M. Descotes. Nommons de suite l'ami *vrai, entier, l'autre lui-même, l'homme d'autrefois*, que nous connaissons déjà par un livre exquis (1).

Homme d'autrefois, le marquis Henry Costa de Beauregard l'est par sa rudesse cordiale et son dévouement sûr; conseil et *animateur* du génie qu'il pressent, sévère à ses outrances et à ses emphases, lui infligeant l'épreuve de ses « animadversions » franches, sans euphémismes qui les énervent. C'est chez lui, à Beauregard, que Joseph de Maistre va de préférence goûter « ses plaisirs d'automne »; jamais las de *verber* avec le marquis et la marquise, accoudant sa causerie à la cheminée du grand salon ou sur la terrasse du château, « en vue de cette lointaine silhouette de Lausanne, l'une des étapes de sa grande vie ».

Après Henry Costa, viennent Jean-Baptiste Salteur et Gaspard Roze. Salteur, fils de magistrat, magistrat lui-même, érudit, gourmé et d'un accès qui décourage les familiarités. Joseph ne trouve en lui l'égal du marquis « ni en élévation de tête ni en chaleur d'entrailles ». Il le qualifie

(1) *Un homme d'autrefois*, par le marquis Costa de Beauregard.

« glaçon de la grande place ». Mais il l'estime et l'aime. Entre le premier président Salteur et le second président Maistre, il y a de vieux liens solides. Les fils, qui se rencontrent au *bureau*(1) et que la communauté de leur carrière rapproche, continuent l'amitié des pères. Au surplus, Salteur n'est point un esprit vulgaire; ses dehors froids cachent un fin causeur. Et puis sa bibliothèque est la plus belle, dit-on, de bien loin à la ronde, et son cabinet une merveille. Enfin il fait bon « radoter » autour de sa grande table carrée.

On y rencontre le chevalier Roze. Magistrat, lui aussi, mais point gourmé ni glaçon, c'est un bon vivant joyeux, quelque peu persifleur et loustic, — il n'épargne même pas les discours royaux, — frotté de philosophie, contaminé de Rousseau; parfait gentilhomme, du reste, bien tourné, galant, rimant avec grâce un madrigal, soigneux de sa personne, pimpant et poudré, recevant, le matin, procureurs et *actuaires* dans une robe de chambre en soie puce célèbre au Palais. M. Descotes, qui a ses entrées chez lui, nous initie à sa « vie cossue » de Saint-Genix.

(1) On appelait ainsi le parquet.

De bas en haut, il nous fait visiter sa maison : la cuisine immense, la cave bien ordonnée, les vieux crus hiérarchiquement étagés, la salle à manger avec ses chaises robustes et ses armoires garnies de services massifs, le salon tapissé de damas rouge, les chambres aux tentures à ramages. Vrai tableau flamand, plein de bien-être calme et d'abondance plantureuse.

Maistre, Salteur, Roze, inséparable trio. « Ils s'aiment solidairement », écrit Joseph à Henri Costa. Les archives de Saint-Genix en disent long sur cette intimité. M. Descotes y a puisé largement, et il a bien fait. Remercions-le particulièrement d'avoir transcrit ou à peu près certain cahier de dix-sept pages qui contient l'appréciation détaillée et motivée d'un projet de discours du chevalier.

A la rentrée de décembre 1779, Roze devait prononcer la harangue traditionnelle, et il avait soumis son brouillon à ses deux amis. Maistre et Salteur s'assirent à la table carrée et annotèrent « sans barguigner. » Le cahier porte leurs signatures à tous deux, mais il est tout entier de la main de Joseph. On y reconnaît, au surplus, sa marque, son tour, et il nous renseigne curieusement sur son degré de formation littéraire à vingt-six ans.

Le discours du chevalier Roze *sur la culture de l'esprit ou de la science de l'État,* nous n'avons garde d'en refaire la critique. Fond et forme, il sent son époque. Athènes, Sparte et Rome y ont leur place comme de juste; on y salue Cincinnatus, Burrhus et Agricola, on y rencontre des sibylles. Le magistrat « vertueux » y reçoit quelque part le conseil de craindre le plaisir : « Nouveau Cyrus, il détournera les yeux, il ne verra point cette Panthée... » Ailleurs il est représenté comme « un citoyen prévenant et gracieux, l'ami, le bienfaiteur des hommes », qui ne voudrait pas « hérisser de ronces le sentier par lequel il les conduit au bonheur ».

Maistre a corrigé en ami qui ne saurait dépouiller l'homme de goût, bienveillant, avec une pointe de malice promenant des cisailles dans la forêt des métaphores, coupant « les branches gourmandes », et aussi redressant, amendant, soulignant l'énormité d'une épithète, un tour contestable, une impropriété et à l'occasion un solécisme :

« .... Surtout point de *Sibylle* ni de rameau », note-t-il à un endroit...

« ... *Monstrueux*, qui se trouve un peu plus bas, ne vous semble-t-il pas... un peu monstrueux? »

« La *guerre... l'affreuse guerre...*, nous mettrions *la guerre* tout simplement. »

« Le magistrat connaît-il *autre chose de lui que l'esprit? N'est-il pas tout esprit?*... Le croyez-vous, mon cher ami, même auprès d'un joli minois? »

Il faut lire d'un bout à l'autre ces remarques d'une critique affectueuse où, à tout instant, l'esprit se tient en embuscade. Jamais ne fut exécuté avec plus de grâce ce « tour de force de l'amitié » qu'est la lecture d'un manuscrit (1).

Oserons-nous dire pourtant que nous ne souscrivons pas à toutes ces observations, que, plus d'une fois, le large esprit se rétrécit aux vétilles, que le futur franc écrivain s'assujettit à un purisme de régent?

Le chevalier parle du *ferment* de la réflexion...
« Terme technique, écrit en marge le correcteur... Aucun terme technique ne doit paraître dans un ouvrage d'éloquence. » — Roze vient de flétrir le mauvais magistrat : « Cet homme-là

(1) Mot de Joseph de Maistre. *Correspondance.* Lettre au vicomte de Bonald.

ne médite point... Faisons donc de la méditation notre occupation habituelle, si je puis ainsi dire. » *Cet homme-là*, y songe-t-il, dans un discours d'apparat ? Et *si je puis dire ainsi*, est-ce vraiment assez noble ? Pourquoi pas plutôt *si je puis m'exprimer ainsi ?* — Doit-on aussi parler de magistrat *petit-maître ?* « *Petit-maître*, dans une harangue, y pensez-vous ? » — *Scrutateur*, rencontré à la même page, n'est pas de mise non plus. C'est un terme de l'Écriture sainte : *Scrutans renes et cor Deus...* L'Académie nous en avertit.

Ne dirait-on pas un pédant de collège, un Astier-Réhu, raclant, épluchant, sarclant ? Pressentirait-on l'écrivain de prime saut qui aura tant de grâce aisée, et l'artiste fougueux qui saura mettre en œuvre, de si violente façon, les forces vives de la langue ?

Qu'en conclure, sinon que Joseph de Maistre ne s'était pas encore dégagé des idées ambiantes sur « le style noble », des artificielles convenances littéraires de son temps ?

Il en tenait à d'autres égards. Comme tout le monde, il abusait de quelques vocables : sensibilité, humanité... Influence peut-être du voisinage des Charmettes, la phraséologie de Rousseau l'avait gagné : l'Être des êtres, l'Être suprême, le Grand Être... Et voici, dans sa harangue de 1777 sur *la vertu*, un morceau qui sent de près, n'est-ce pas? son *Contrat social* : « Représentez-vous la naissance de la société ; voyez ces hommes, las du pouvoir de tout faire, réunis en foule autour des autels sacrés de la patrie qui vient de naître ; tous abdiquent volontairement une partie de leur liberté : tous consentent à faire courber leurs volontés particulières sous le sceptre de la volonté générale : la hiérarchie sociale va se former. » Mais il y a mieux. Dans sa première œuvre, l'*Éloge de Victor-Amédée III*, il salue la jeune Amérique « vers laquelle la liberté, insultée en Europe, a pris son vol ». Enfin il fut franc-maçon.

Nous le savions. Son fils Rodolphe l'avait confessé depuis longtemps. Mais M. Descotes nous donne d'abondants détails sur son entrée, — à vingt ans, — dans la loge de la *Parfaite Union*, sur les illusions juvéniles et les exemples illustres qui l'y entraînèrent. Et il en prend occasion pour nous renseigner sur la franc-maçonnerie piémontaise. Il raconte les démêlés de la Loge blanche des *Trois Mortiers* avec sa « fille » de

Turin, différend qui fut porté devant le Grand-Orient de Londres par un placet où, entre autres signatures, se lit celle de Maistre, Grand Orateur.

Trop long peut-être ce chapitre; mais on y apprend des choses intéressantes. La société chambérienne d'avant la Révolution mérite d'être connue. La rumeur de France se répercutait dans ces Alpes savoyardes que le roi de Sardaigne appelait un peu dédaigneusement « ma bordure ». Les idées fermentaient comme ailleurs à cette altitude. On parlait d'abus et de réformes, de justice, d'égalité... Des gentilshommes, des magistrats, des prêtres, même des grandes dames, s'entretenaient à la Loge blanche.

Et en même temps, noblesse et tiers état ne perdaient guère une occasion d'accuser leurs rivalités. Ainsi, en février 1775, pour fêter la venue du Roi et l'annonce du futur mariage du prince royal, la bourgeoisie donne un bal. L'intendant et le corps des officiers des dragons de Piémont y assistent, mais non leurs femmes. Quelque temps après, une plume roturière chansonne le voyage aérien que va tenter Xavier de Maistre dans un ballon cousu « par les jolies mains des dames de l'aristocratie » :

« ... De bouffantes et de *juppons*.
« De robes, manteaux et pompons.
« On fabriquera la machine ;
« Et pour ne rien craindre en chemin,
« On renforcera son échine
« De patentes de parchemin,

« On fera brûler, par raison,
« Les titres de chaque maison ;
« Et de ces chartes allumées
« Pour remplir tout ce taffetas
« Et pour lui tenir lieu de gaz,
« On conservera la fumée..... »

Un jour, une plus grave aventure met la ville sens dessus dessous. Un avocat au Sénat, Joseph Leborgne, frère du futur général de Boigne, ayant eu quelque démêlé avec un officier piémontais, le provoque en duel. Lui, titré, refuse de croiser le fer avec un simple bourgeois. Et, quelques jours après, l'avocat chambérien, traîtreusement attiré dans une impasse par un camarade du gentilhomme d'outre-monts, se voit tout à coup entouré d'*ordonnances* qui lui administrent une volée de coups de fouet.

Voilà qui est caractéristique de l'état social, et que nous ne regrettons pas d'apprendre, bien qu'un peu étranger à Maistre et aux siens. Ailleurs M. Descotes nous semble abuser de l'anecdote. Nous nous attarderions à énumérer les faits de chronique locale insérés dans son ouvrage, quelques-uns ne devant peser dans la balance de l'histoire, comme dans celle de Joseph de Maistre, que le « poids du rien ».

Il y a bien d'autres choses encore, dans ce livre. Des portraits, des tableaux de genre, des paysages... tout cela peut-être aussi surabondant. Mais graver un camée, quand on a sous les yeux le minois mutin de Mlle de Vens; peindre en pied un grand homme de son pays, — fût-ce un simple guide, — quand on est montagnard; et peindre ce pays même, quand c'est la Savoie..., comment résister à pareille tentation? Voici la Charmille, son vallon, les cascatelles de son ruisseau « rageur », et sa gentilhommière enfouie dans la verdure; — Bissy, le clocher de bois de sa petite église coiffée de chaume, son tapis de grands prés, et les replis de la côte de Challod. Suivons la pente qui conduit à Chamoux, le hameau perdu sous les noyers et la châtaigneraie. Là, au milieu d'une prairie, se dessine en cône la petite vigne où, à l'arrière-saison, Xavier de Maistre venait à l'affût des grives.

Un charme ne se dégage-t-il pas de ces tableaux? Et sont-ils tout à fait hors de propos, quand il s'agit de faire connaître un homme en qui la terre natale a exprimé toutes ses vertus ? M. Descotes l'affirme avec une patriotique insistance. Malgré les coups de soleil provençal qui traversent son style, Joseph de Maistre est un Savoyard *authentique*. La montagne a fait sa santé physique, son tempérament de lutteur; les reliefs du sol ont modelé son âme; ses lettres, où il se livre plus qu'ailleurs, ont la variété et l'imprévu de la nature alpestre. Enfin sa pensée, « carrément assise sur le bon sens national », s'égaye, parfois, « de paysannerie narquoise (1) ».

Y a-t-il là des traits d'affinité avec saint François de Sales? Le rapprochement indiqué par M. Descotes m'a un peu surpris. Les enfants de la montagne sont divers; ceux mêmes qui en tiennent le plus peuvent ne pas se ressembler. Quoi qu'on sache dès longtemps ce que ce livre révèle sur le cœur de Joseph de Maistre, il suffit d'avoir une fois senti l'attouchement brusque du philosophe des *Soirées* et la caresse enveloppante de l'apôtre de mansuétude pour repousser la comparaison.

Mais c'est là querelle de détails. M. Descotes

(1) M. Albert Blanc. *Correspondance diplomatique de Joseph de Maistre.*

d'ailleurs ne hasarde pas sans réserve son parallèle. Et puis, il sait si bien son Maistre qu'il y a péril à disputer avec lui.

Il a voulu initier le public à la prime jeunesse du grand homme, à la formation et, si j'ose dire, à la génération de son âme. Qu'il soit satisfait. Ses deux volumes, qu'une critique rigoureuse voudrait réduire, complètent le Joseph de Maistre jusqu'ici connu, non pas seulement par les textes inédits qu'ils contiennent, mais par les circonstances locales et les détails intimes qu'ils nous apprennent.

Personne encore ne nous avait introduits dans cet hôtel de Salins où François-Xavier fonda sa famille ; nous en ignorions les êtres et nous ne savions même pas le situer sur cette place de Lans, « quartier détaché d'une ville flamande ». On ne nous avait pas fait asseoir au bureau du président ; on n'avait pas dressé sous nos yeux son bilan modeste ; on n'avait pas tenu état des naissances, des mariages et des morts, des joies et des deuils de sa maison. Enfin on ne nous avait pas présenté les amis de son grand fils, avec pareils renseignements sur leurs parents, leur fortune, leur carrière, leur trempe d'esprit, leurs goûts, même leur garde-robe et leur table.

Un retour singulier d'attention se fait, depuis quelque temps, vers le penseur chambérien. Auguste Comte, on le sait, mettait le *Pape* dans sa bibliothèque positiviste, et voici qu'un de ses disciples (1) vient d'affirmer que Joseph de Maistre est en train de rajeunir. En décembre dernier, l'Académie dépouillait trente-sept mémoires dont il était le sujet. Presque en même temps, paraissait le livre de M. de Lescure (2), tandis que M. Descotes corrigeait ses épreuves.

Les gens de Savoie sont solides, durs aux misères et au temps. Après les tourmentes d'idées de ce siècle, ce qui nous étonne, ce n'est pas de voir Joseph de Maistre debout ; c'est d'entendre sa verdeur et sa santé avouées par certains. Donc il doublera allégrement ce cap de 1900 qui approche. Beaucoup, il y a quarante ans, lui eussent mesuré une courte vie. Et nous trouvons tout simple qu'on l'inscrive parmi ceux qui ne doivent pas mourir.

(1) M. Fr. Paulhan, *Joseph de Maistre et sa philosophie.*
(2) *Le comte Joseph de Maistre et sa famille.*

L'IMPRESSIONNISME

DES GONCOURT

M. Edmond de Goncourt a-t-il vidé tout à fait le tiroir fraternel? On l'avait cru après ces trois premiers volumes du *Journal* mêlés de si jolies, de si scabreuses et de si insignifiantes choses. Or voici une *Italie d'hier* signée encore des deux noms associés. Mais cette fois, c'est bien fini. Plus rien ne reste à mettre au jour de cette collaboration unique; plus un cahier ni un calepin. Nous tenons le dernier carnet, mince de texte, mais non point méprisable, curieux même et instructif par les pages descriptives qu'il contient, surtout par les révélations qu'il nous livre sur les hésitations de début et les tâtonnements des plumes jumelles qui le remplirent.

Car ces feuilles, dernières parues, furent les

premières écrites. M. Edmond de Goncourt raconte l'histoire de ce livret de papeterie primitive acheté à Domodossola, avec une reliure de parchemin et, en manière de fermeture, « une petite lanière de cuir semblable à la queue de rat d'une tabatière », comme pour une poche de maquignon.

C'était dans l'automne de 1855. Ils étaient jeunes alors, les deux frères, non pas novices absolument dans les lettres, puisque déjà ils avaient produit des articles et un volume, mais incertains encore et inquiets de leur voie. Ils couraient en quête d'un livre et ils allaient le demander à la « terre inspiratrice ». Ils en rapportèrent un tout illustré ; des notes prises, au pied levé, sur le « vif des êtres ou le calque des choses » : princes de l'Église, grands-ducs et lazzaroni, solennités religieuses et cohues de carnaval, palais, musées, masures, immondices de *ghetto*... Et, çà et là, des blancs laissés s'étaient couverts de croquis à la mine de plomb ou d'aquarelles, comme ce spirituel et éclatant *Stenterello* qui enlumine si bien la couverture. Tel quel, c'était un livre hâtif et décousu, mais un livre d'impressionnisme vibrant. Les voyageurs eussent pu le mettre en librairie, aussitôt débou-

clé leur valise. Mais ils eussent bien étonné les
lecteurs d'alors, nullement préparés à ce genre
de publications. Et eux-mêmes eussent trouvé ex-
cessive la désinvolture. A vrai dire, ils n'y son-
gèrent pas. Dans leur pensée, ces études d'après
nature n'étaient que matière à mise en œuvre,
de quoi essayer quelque chose.

Et quoi donc? un tableau de réalité composé,
poussé? Non, la réalité ne les touchait guère. Ils
savaient la voir certes, mais ils n'en avaient pas
encore la « religion », ni le souci. Même ils pro-
fessaient pour le *non-imaginé* le mépris de leur
« Monsieur Gozzi », si dédaigneux des « attrapeurs
de vrai », et à qui une seule chose déplait de la
Chine, c'est qu'elle existe, à ce qu'on prétend.
« Plat comme un fait », disaient-ils, eux aussi.
Leur ambition était de réussir un livre de prose
« poétique, fantastique, lunatique, — un livre
de rêve donné comme le produit d'une suite de
nuits hallucinatoires ». Et ils le commencèrent.
Venise la nuit, parue dans l'*Artiste*, devait être
suivie de Florence, Rome, Naples...

La critique les découragea. Bien plus, « l'épouvante de leur prose », exprimée par des con-
frères, les gagna eux-mêmes. Ils se demandèrent

s'ils ne se trompaient pas, si leur conception n'était pas d'une imagination trop déréglée. Bref, ils brûlèrent *Naples la nuit, Florence la nuit, Rome la nuit,...* ébauchées déjà ou finies peut-être, sauvant seulement le carnet de Domodossola, qui devait dormir jusqu'à ces jours derniers dans son parchemin.

Dormir, non tout à fait sans intermittence. Plusieurs fois la lanière de cuir fut déroulée, et l'on fit des emprunts au vieux compagnon de route. Il contribua aux *Idées et sensations* ; *Madame Gervaisais* l'allégea quelque peu. Si bien qu'on nous l'offre maintenant appauvri, et qu'on sent le besoin d'excuser son indigence.

De *Venise* à *Madame Gervaisais*, quelle différence ! et comment le même cahier de notes a-t-il pu fournir aux deux œuvres ? C'est que, de l'une à l'autre, les auteurs ont singulièrement renouvelé leur conception de l'art littéraire. En 1855 et auparavant, lorsqu'ils collaboraient à l'*Éclair* et au *Paris*, le réel n'était pour eux que prétexte à littérature brillantée, à la Janin.

Et c'étaient des inventions dans le goût de l'*Âne mort*, du clinquant, de la fantaisie « plaquée ». Le mot est d'Edmond, dans sa préface de *En 18..*, (édition de 1884). Il y juge en toute franchise le « beau romantisme » de leurs débuts qui comparait « le plus naturellement du monde la blancheur de la peau des femmes avec l'almagatolithe, et les reflets bleuâtres de leur chevelure noire avec les aciers à la trempe de Coulauxa ». Alors ils écrivaient des nouvelles comme *l'Histoire d'un ratelier, le Voyage du n° 43 de la rue Saint-Georges au n° 1 de la rue Laffitte, Terpsichore* (1)...

Un incident de leur vie de journalistes les tira, par bonheur, de cette ornière. Ils rencontrèrent Gavarni. Gavarni, ils le connaissaient dès longtemps, eux dont l'enfance s'était amusée à feuilleter ses lithographies. Mais il leur manquait de l'avoir vu. Or, l'*Éclair* se mourait, et ils persuadèrent à Villedeuil, son fondateur, de le raviver par la vertu de cet esprit et de ce crayon. L'*Éclair* périt, le talent des Goncourt fut sauvé.

Gavarni a été leur éducateur, eux-mêmes l'ont dit. Car jamais influence ne fut plus avouée, ni avec plus de gratitude.

Celui qu'ils devaient sacrer le grand peintre de mœurs du dix-neuvième siècle, leur apprit à

(1) Voir *Pages retrouvées*.

le regarder, ce siècle. Il leur révéla le prix de « la vie vivante », les intéressa à la vision et à l'expression directe des choses. Il leur découvrit, ce curieux de la rue, cet « amoureux de pavé », comme on l'a nommé (1), ce qu'il y a d'art dans le « vif du vrai » saisi en une croquade, dans un aspect fugitif, une rencontre de lignes, un contour d'objet, un « morceau de geste » empoigné de verve. Dès lors, avant même, je crois, que le terme fût né, ils devinrent à son école des *impressionnistes*; ce qui veut dire des artistes très prompts d'œil et de main, attentifs et « réceptifs » (2), fixant, par une sténographie instantanée, la mobilité des spectacles. Car il ne s'agit pas de composition ni d'agencement. A d'autres l'harmonie méditée. Il s'agit de la prise au vol des sensations, des phénomènes notés en leur *fluence;* décors passagers, accidentels jeux de lumière, taches changeantes des couleurs. « L'impressionnisme... va au phénoménisme », écrit l'un des plus élégants théoriciens de l'école. Il se prend à l'apparition éphémère, « à l'incident de nature aussi vite évanoui qu'éclos ».

---

(1) M. Céard. — Préface des *Lettres de Jules de Goncourt*.
(2) Voir la très belle et pénétrante étude de M. Spronck dans ses *Artistes littéraires*.

Dira-t-on que c'est vanité? Et qu'est-ce donc qui n'est pas vain? Qu'y a-t-il dans la vie, que des « moments » ? Et la vanité n'est-elle pas chez ceux qui croient apercevoir le monde autrement que par des lueurs d'une minute (1)?

Mais quelle acuité de sens exige la pratique de cet art, et quel éveil constant, et quelle notation rapide! Songez que la mobilité se trouve en nous autant que hors de nous. Sujet et objet sont aussi *passants* l'un que l'autre. Et si l'identité foncière de notre *moi* interdit de le définir « un flux d'états » , comme on l'a voulu faire, il faut avouer que l'incessante succession de ses événements intimes paraît bien l'entraîner dans l'écoulement universel. Le problème se pose donc ainsi : exprimer l'éphémère, perçu par cet éphémère que soi-même on est. Aussi quelle tension nerveuse et quelle hâte d'écriture! C'est un frémissement continu du cerveau et des doigts qui, loin de se calmer, s'exaspère de jour en jour. Car, à cette pratique, la « sensitivité » s'affine jusqu'à l'aigu et au « supra-aigu » . Bien plus, le scrupule aidant, et l'ambition d'atteindre à l'im-

(1) Gustave Geffroy, *La vie artistique*, 3ᵉ série, préface.

pressionnisme parfait, on se prescrit une hygiène spéciale comme *Charles Demailly :* un régime « excitant, irritant », une certaine « griserie de la tête », du coup de fouet, de l'aiguillon, de la secousse. Ainsi ont vécu les frères de Goncourt, alternant du stimulant de la société à une reclusion où montait encore leur fièvre.

De plus, ils se sont imposé la tâche quotidienne d'enregistrer sur-le-champ, en un journal, les plus légers attouchements ou effleurements de leur être par le monde extérieur. Et ils n'y ont pas manqué. Et le survivant des deux frères continue ces mémoires, recueil copieux et panaché où passent des notes d'art, des paysages, des portraits d'hommes et de femmes, de toutes les sortes de femmes, des silhouettes de grâce, de vulgarité, d'indécence, des pochades de toutes choses,... des riens.

De quoi composer leurs livres, leurs romans surtout; car c'en est presque toute la substance. Et n'y retrouverait-on pas, comme dans *Charles Demailly* et *Manette Salomon*, des demi-pages et des pages textuelles du *Journal*, il y paraîtrait à la facture, à la coupe des chapitres; courts morceaux, dessin bien plutôt qu'écriture, croquis assemblés comme en un album, avec tout juste assez de fable pour la légende de ces vignettes. Le branle continu de leur « sensitivité » ne leur laisse pas, dirait-on, assez de souffle ni assez de calme pour la conduite soutenue et les transitions ménagées du récit. Car à peine leurs fictions fragmentées en images se suivent-elles dans une progression visible. Parfois on croit feuilleter de ces cartons d'études qui sont pour les peintres comme des travaux d'approche.

Rien d'étonnant à ce que de pareils romans aient surpris les « philistins » et d'autres. Ces intrigues seulement ébauchées, ces histoires sans prologue, qui ne commencent ni ne finissent, avec des intervalles, des blancs, ont de quoi déconcerter les habitués de feuilletons bien cousus, et même les lecteurs d'autre sorte qui tiennent à la méthode et à l'eurythmie de la composition. Mais quiconque se plaît au pittoresque senti et rendu, aux jolies esquisses enlevées, aime ces livres à peine faits, où seulement quelques points de repère groupent des scènes ou des vues découpées.

Art maladif; MM. de Goncourt en ont eux-mêmes conscience, et ils le confessent. La tourmente de leur facture vient de leur déséquilibre physique. Charles Demailly, en qui ils se sont représentés, s'avoue inégal, plein de soubresauts, incapable d'atteindre à la tranquillité des lignes. Ils sont trop nerveux. Leurs sens « délicats et poètes », comme ceux de Madame Gervaisais, leur font trop aiguë la perception des choses. Pour eux, les contacts sont des chocs ; un frôlement les blesse ; une nuance les affecte douloureusement. De tout émanent des effluves qui pleuvent sur ces écorchés en atomes corrosifs. Mais aussi quel appareil enregistreur qu'un tel organisme, et peut-on être impressionniste plus excellemment ?

Ils le sont si bien, de naissance et de tempérament, qu'avant même leur rencontre révélatrice avec Gavarni, ils avaient, d'instinct, flairé et découvert cet impressionnisme d'extrême Asie qui devait tenir tant de place dans leur passion de collectionneurs.

Qu'est-ce, en effet, que ces synthèses si expressives et si promptes des Japonais qui cernent d'un trait la figure simplifiée et comme l'ombre portée des objets ? Qu'est-ce que ces crayonnages sommaires, tortils de branchages, emmêlements d'herbes et de fleurs, brindilles « qui semblent des croches sur un papier de musique », galbes de quadrupèdes, d'oiseaux, de reptiles, de poissons, mimiques humaines enfin, comprises et copiées avec la même vivacité heureuse, surtout le geste menu et la mignardise drôle de ce petit être pliant et enlaçant qu'est la femme japonaise? Qu'est-ce que ce premier jet, ce « d'après nature » attrapé avec cette aisance, sinon de l'impressionnisme exquis ? Et l'auteur de *la Maison d'un artiste* n'a-t-il pas, à propos d'Okousaï, écrit le nom de Gavarni ?

De pareilles fréquentations esthétiques devaient peu disposer MM. de Goncourt à goûter le classique. Aussi bien le sentiment qui inspire leurs prédilections à travers les époques de notre art national n'indique-t-il nul penchant pour l'harmonie sévère de l'ordonnance. Cette *rocaille* où ils se plaisent, qu'ils recherchent avec amour, — même à Rome, — c'est, en effet, la brisure des lignes. Rien ne s'y tient que par la soudure du caprice. Et tout rapprochement paraîtrait-il impossible entre certaines *japonaiseries* et tels exemplaires de l'art français du dix-huitième siècle? Des dessins de là-bas rappelaient, un jour, à M. Edmond de Goncourt, le « gribouillis » délicieux de Gabriel de Saint-Aubin. Et ce n'est pas une rencontre fortuite qui a mis sous sa plume décrivant les *foukousas* de son vestibule, à peu près les termes dont son frère et lui définissaient le « gâchis » de Fragonard et les *préparations* de La Tour : tons posés, non assemblés, touches non mariées, indications de contours, semis de jolies taches...

De là à l'antique, quelle distance ! Aussi ces modernistes ne l'aiment-ils guère, encore moins ce qui en procède : «L'antiquité... le pain des professeurs. » Ne prenez pas le mot pour une boutade d'après-dîner. Ils l'ont écrit, consigné dans leurs *Idées et sensations ;* et avec combien de variantes l'ont-ils répété ! Au point de se brouiller presque avec Saint-Victor. Homère leur semble surfait. Tandis qu'un bibelot les charme, leur « amuse l'œil », les lignes architecturales du Parthénon les ennuient. Contre Raphaël, ils ont des duretés à faire frémir. Ses madones réalisent à leurs yeux l'idéal du hiératique bourgeois.

Sur les Académies, gardiennes des recettes traditionnelles, ils ne tarissent pas. Leur Garnotelle, le peintre uni, sage, blaireauté, le meilleur élève de Langibout, né « prix de Rome » et membre de l'Institut, incarne dans sa propreté fade tous les doctrinaires et tous les « pions du beau ». Aussi n'est-il point de railleries féroces qu'ils n'adressent à ce portraitiste exempt de vice. Et la villa Médici y passe à son tour, ce conservatoire des calques, et toutes les écoles, tous les concours, vieilles machines usées, et Rome enfin, Rome, « la Mecque du *poncif* ».

Est-ce que je vais au delà de leur pensée? Ai-je tort de leur imputer les sorties de Chassagnol, le rapin verbeux et génial? Au fond, peut-être en rabattent-ils, mais si peu... Lisez leurs propos de table, leur correspondance. Une lettre signée E. J... félicite Amédée Pommier de son beau mépris pour cette vieille académie morte, de ses vers qui la « retuent ». Sainte-Beuve, qui a le tort de préférer le « *statu quo* classique » à l'avenir littéraire préparé par leur influence commençante, est traité de la belle façon. Et il faut voir dans une lettre à Flaubert comme ils parlent de ses colères *dindonnes*.

En tout, à vrai dire, la règle, l'ordre leur est ennemi. Le « bon sens bourgeois » les irrite jusque dans l'équilibre des budgets. Ils souhaiteraient un peu plus d'extravagance aux choses du monde. Ils trouvent les événements trop raisonnables. La courtisane, la fille « ne leur est point déplaisante », parce qu'elle « tranche sur la correction », parce qu'elle est « le caprice lâché, nu, libre et vainqueur (1) ». Débridement, leur œuvre signifie cela. Edmond regrette que, « parmi les écrivains, il n'y ait jamais eu un brave qui ait déclaré qu'il se f... de la moralité ou de l'immoralité (2) ». Cette bravoure, il l'a eue avec son frère, il l'a eue tout seul. Leurs romans, ses romans, quand ils s'appellent *Germinie Lacerteux*, *Manette Salomon*, *La Faustin*, *La Fille Elisa*... proclament une assez crâne émancipation.

Au point de vue proprement littéraire qui nous occupe, le débridement est signifié non seulement par cette composition flottante, cet *inorganisme* de leurs livres que nous venons de signaler, mais surtout par leur forme. Car je ne sais rien d'aussi aventureux que cette langue de brusqueries et de secousses, coupée de changements à vue, comme celle de Laligant (3), pleine de métaphores singulières, où se mêlent le haut style, le parler peuple, l'argot et la technic de l'art ; une langue inventée au moment qu'elle s'écrit, en dépit de la syntaxe et des

---

(1) *Idées et sensations*, p. 200.
(2) *Journal*, t. VII, p. 240.
(3) Voir *Charles Demailly*.

lexiques, avec des phrases où se retrouve à peine une anatomie de phrase, avec des vocables qui sortent tout chauds martelés de la forge; — enfin une prose zigzaguante, déconcertante, une prose d'impressionnistes qui veulent tout traduire de leurs sensations, surtout le compliqué, l'exquis, l'intraduisible. C'est pourquoi la construction traditionnelle les gêne, et ils la bouleversent. Car pour faire saillir le mot expressif, il faut le placer en vedette, quelle que soit sa fonction, et mieux vaut contrarier les grammairiens que de sacrifier un relief. C'est pourquoi aussi ils trouvent le vocabulaire trop pauvre. Les variétés de la sensation, ses accidents sont innombrables, en effet, et il n'existe pas d'idiome assez riche pour fournir le verbe propre à chacune de ces nuances. De là enfin certains procédés d' « écriture » auxquels ils se plaisent et qui, à la longue, ressemblent à des tics, tels que l'abus des mots abstraits et cette transformation si souvent signalée de l'adjectif en substantif neutre, moyen de le mettre en valeur, ne fût-ce qu'en lui donnant le gouvernement de la phrase : « Le bleuâtre du soir commençait à se mêler à la fumée des cigarettes. » Ou bien ce sont des redoublements, des insistances, des

récidives d'épithètes que, sans doute, ils savent
« piquer » à merveille, comme des mouches sur
un visage, disait quelqu'un; mais il y en a trop.
Souvent cette manière rappelle la méthode de
peindre préconisée et pratiquée par Georges
Seurat, qui consiste à couvrir la toile de touches
pointillées. Et il arrive que le tableau disparaisse
derrière ces taches ingénieuses. Cette multipli-
cité de tons juxtaposés brouille l'œil. Après telles
pages chargées de MM. de Goncourt, on se prend
à relire des morceaux de description très sobre,
comme il s'en trouve dans le *Pays du Rhin* de
J.-J. Weiss.

L'*Italie d'hier*, cet écrit de première jeunesse,
montre déjà ses auteurs tels que nous venons de
les définir. Et il ne faut pas s'en étonner, puisqu'avant de devenir des impressionnistes de volonté et de méthode, ils étaient des impressionnistes sans le savoir. Naturellement déjà, leur prose
avait cette souplesse désarticulée qui en fait l'instrument de notation le plus portatif et le plus
maniable à l'improviste des rencontres. Déjà
aussi l'audace leur était venue des néologismes
utiles ou puérils. J'en aurais pu relever des
douzaines dans ces deux cents pages de texte.

Elle est significative cette publication, osée seulement après cinquante ans, d'un cahier de notes toutes pures, sans choix ni arrangement quelconque. Depuis les essais de lyrisme essoufflé auxquels leurs auteurs avaient voulu les faire servir, quelques-unes, nous l'avons vu, avaient pris place, mais encadrées et mises en bon jour, dans une série de tableaux qui composent un roman. D'autres avaient grossi un recueil de morceaux détachés qui était une sélection. Aujourd'hui, c'est sans artifice de liaison, sans fil de récit, que M. Edmond de Goncourt nous présente ce qui en reste.

Il le peut. Par une évolution du goût que lui et son frère ont préparée, on trouve aux ouvrages de cette sorte un charme de non-fini ou plutôt de non-fait. On se plaît à y saisir le tempérament du peintre, son geste spontané, point amorti ni amendé par la tenue du talent qui s'astreint à la composition. On aime aussi voir quelle espèce de déformation subit le monde en passant par l'œil et la main d'artistes très éveillés et soucieux d'exactitude, mais trop nerveux, trop personnels et enfin trop artistes pour n'y point mettre du leur.

10.

LES « PAGES ROUGES »

DE

MADAME SÉVERINE

Pages rouges... Pourquoi?

La dédicace à Jules Vallès voulait cela. Joffrin, Pyat, Louise Michel... qui ont leur place dans ce livre, ne pouvaient non plus s'accommoder du rose tendre. Et puis, un titre violent pique le *bourgeois*, toujours féroce au fond et affriandé par les images de sang.

Pauvre bourgeoisie, quels dédains n'essuie-t-elle pas dans ces articles!... L'auteur, sorti pourtant de ce « limon », — il tient à nous en informer, — lui voue plus que de la haine. Rien de plus riche que le vocabulaire de son mépris; la liste serait longue de ses formules insultantes et de ses rapprochements injurieux. D'un bourgeois et d'un Prussien regardant, du pont de Charenton, brûler Paris, c'est le Prussien qui est le plus Français. Lui, du moins, murmure : « Pauvre Paris ! » tandis que l'autre crie, montrant le poing à la ville en flammes : « Ah ! les canailles... Ah ! les gueux ! » D'un bourgeois et d'un communard, vous devinez bien que c'est le « trente-sous » qui est le bon garçon. Et, « entre un gros bourgeois et un chien maigre, mon cœur ne balancera pas une minute ; — je le connais mon cœur », dit Séverine. Et nous aussi, nous le connaissons.

Songez qu'elle n'est pas seulement bourgeoise, mais fille d'un haut fonctionnaire de la Préfecture de police. Voilà, n'est-il pas vrai, un sang qui a menti. De tendresse pour les brigades centrales pas plus trace en Séverine que d'inclination pour le tiers état. Et de ce malheureux tiers, elle a tout renié, tout abjuré, conventions sociales, idées, mœurs, langue... Elle est devenue peuple. Depuis que Jules Vallès l'a tirée de la fange bourgeoise, qu'il a « pris la peine de façonner et de pétrir son âme à l'image de la sienne » ; qu'il a fait « de l'espèce de poupée qu'elle était alors, une créature simple et sincère », depuis qu'il lui a donné « un cœur de citoyenne et un cerveau de citoyen », de ce jour, elle est peuple. Elle le dit, elle le crie ; elle se sent meilleure. L'âme « enfantine » de l'ouvrier, honnête, saine, bonne, l'a régénérée par la vertu de son contact. Bien avisé qui retrouverait en elle la tare originelle.

Peuple, elle l'est de style comme de sentiments. Elle use de cet argot faubourien dont elle vante le pittoresque, et je ne la blâme certes pas de s'être mise à cette école. Le peuple est un grand maître ; il fait la langue, il faut aller à lui pour la trouver toute jeune et vive. Joseph de Maistre admire cette formation inconsciente des idiomes. Les savants n'y peuvent rien. S'ils essayent d'y toucher, ils gâtent cette œuvre pour ainsi dire instinctive. Voyez de quels barbarismes composites ils nous encombrent ! Au peuple le bonheur de l'invention, l'énergie de la figure, le verbe au son gouailleur, le mot qui flagelle, qui fouaille ou qui siffle à l'oreille comme le caillou d'une fronde. Après les leçons de Vallès, si profondément peuple lui-même, c'est dans la rue, au dialecte de Gavroche, que Séverine a pris la saveur forte de sa prose, ses audaces, ses reliefs, ses tons brusques, le heurt de ses épithètes inattendues.

Et cette langue convient à merveille aux idées qui emplissent ce volume, ardent réquisitoire contre la « société bête ». Ce style coupé, au son bref, fait à l'oreille un bruit de pic démolisseur.

Mais faut-il parler d'idées, alors qu'il ne s'agit guère que de sensations et d'images ? Séverine a l'horreur des théories et des théoriciens, des doctrines et des doctrinaires, des catéchismes d'école et des grammaires de sectes. Je ne crois pas qu'il y ait trace d'un raisonnement dans son recueil. Et je ne lui en fais pas grief ; elle est femme, elle écrit avec ses nerfs. En cela, d'ailleurs, elle se montre bien encore fille de Vallès, tout de nerfs, lui aussi, incapable d'une abstraction, d'une généralisation, traduisant telles quelles les secousses de ses sens : « Son style faisait image, — de belles images où il y avait du rouge toujours. »

C'est Séverine qui le dit, peut-être songeant à elle-même ; et, en vérité, elle en aurait le droit. Elle a du maître le dessin âpre et la couleur montée. Portraits de gueux, groupements de guenilles, figures exaspérées, laideurs puissantes, c'est bien ainsi que le réfractaire savait peindre. Certains de ces morceaux, par leur facture forcenée, font songer aussi à quelques violents tableaux de misère de l'École espagnole. *A l'asile* est une représentation de détresse d'une énergie sauvage. Impossible de mieux figurer la gloutonnerie bestiale de l'être humain affamé, le pullulement de la vermine, la rugosité des haillons et ce gris particulier des loques déteintes à la pluie, brûlées par le soleil, revenues à la nuance du sol, comme le pelage des fauves. Au *Pays noir*, où Séverine nous conduit maintes fois, *ses* mineurs si bien barbouillés d'ombres opaques, et dont elle multiplie les turbulentes ébauches, ont l'air esquissés avec le charbon que Herrera le Vieux promenait sur ses toiles, tandis que sa servante y jetait des baquets de couleur. Dans *Chair à grisou*, des touches effrénées peignent les plaies vives, les mutilations, les hideurs, œuvre de cette flamme qu'on dirait être *Quelqu'un*, esprit ou gnôme meurtrier : «A celui-ci, elle a arraché une jambe; au voisin, la moitié d'un bras. Elle a mangé les reins de cet autre; elle a, d'un coup de patte, vidé presque le ventre de celui-là... Dans ces débris de vingt ou trente ans coule un beau sang, vif et pur, — mais ils accourent sur des béquilles; rampent sur des chariots à ras de terre; étendent tout à coup, pour saisir quelque objet, l'affreux crampon qui dépasse leur manche... sorte de patte d'écrevisse taillée par le sabotier du pays en plein cœur de hêtre... » Et les vieux, « tordus par les rhumatismes, bossués par la goutte... rapetissés par la besogne accomplie, trente années durant, dans une gaine de houille... ressemblent aux vétustes troncs de saule, dont la silhouette difforme et tragique épouvante le voyageur nocturne au bord des étangs ».

Les maîtres hommes du « Parti ouvrier » ont leurs portraits dans ce recueil; — je dis les hommes sans excepter Louise Michel, la pauvre fille « désexuée ». La page sur Joffrin a l'air d'une planche durement rayée par le burin. Des tailles rudes dessinent la grosse tête chevelue du tribun populaire, le poil inculte de sa moustache, son regard étroit de sectaire, et en même temps figurent sa parole abrupte, informe, sa pensée bégayante, en lutte avec l'expression rebelle.

Mais le chef-d'œuvre du volume c'est *Un imagier*, l'histoire de Rapp, Eugène Rapp, le dessinateur, mort à vingt-six ans. Il y a là, sur son enfance misérable et sur son éveil d'artiste, des lignes exquises.

« Rapp avait alors douze ans et servait les

plombiers sur les toits; faisant chauffer les fers, surveillant le métal en fusion, et fixant, de ses yeux d'enfant où s'allumait peu à peu un regard d'artiste, les fines draperies de l'aube traînant sur les ardoises bleuâtres, ou le soleil rougissant comme braises les tuiles roses soudainement enflammées... »

Tout ne vaut pas cela dans le livre, tant s'en faut. Par exemple, les premières pages du *Petit Jahn* sont d'une déclamation quasi banale. Il est pourtant joli, ce moutard vagabond qui se prend parfois à cousiner avec le petit *Pied bot* de Ribera. Et comme il est touchant, avec ses pauvres pieds saignants, bandés de chiffons!

Ah! ce n'est pas l'émotion qui manque à Séverine. Toutes ces pages vibrent, et peut-être ce frémissement continu paraîtra-t-il suspect à quelques-uns. Mais non, c'est sincère, — j'en veux du moins garder l'illusion, — un vrai frisson passe. Toute chair qui souffre, le sang, de quelque artère qu'il coule, animale ou humaine, le taureau harponné de banderilles et le cheval aveuglé qu'il éventre, tout supplice, toute angoisse, toute peine a son hymne douloureux. La «fille» du *réfractaire* Vallès peut dire, comme le nihiliste Nekrassof, que sa muse à elle, c'est « la muse des sanglots ».

Sans compter qu'elle gronde comme celle du poète russe. Presque toutes ses complaintes finissent sur une sommation. Des barricades se profilent derrière elle. Plus sûre d'inquiéter notre égoïsme que d'éveiller notre charité, elle nous jette des avertissements clairs : « Si le peuple égorge, c'est peut-être qu'il est resté trop longtemps sans viande ! Si le peuple incendie, c'est peut-être qu'il est resté trop longtemps sans feu ! »

Quelques mois avant *Pages rouges*, a paru un livre d'aussi âpre éloquence, mais d'autre conclusion. M. Charles Vincent chante, en vers et en prose, avec un réalisme aussi aigu, l'épopée de *la Faim*, de la « Faim toute-puissante, créatrice du bagne ». Lui aussi salue les gueux, non pas ceux de Béranger, mais les vrais, ceux qu'on rencontre par les rues, « avec des mâchoires qui se serrent et des estomacs convulsés,... ceux qu'on pêche à la gaffe dans les limons de la Seine ». Et, au bas de quelques-unes de ses pages, la menace se formule toute seule contre une civilisation de « placage », où la misère « a troué ses labyrinthes », comme un ver qui est venu fouir dans une boiserie.

Mais la foi à l'au-delà corrige tout, et le cri de colère s'achève en un cri d'amour. Un hosanna qui s'intitule *La cité de Dieu* clôt le livre avec le *Pater*.

J'ai peur que le *De profundis* de *Pages rouges*, malgré sa protestation finale contre le matérialisme officiel, ne laisse pas la même impression. Je crains que les lecteurs de Séverine, s'ils sont des miséreux, ne se mettent tout de suite en devoir de dépaver les rues.

Mais c'est injustice peut-être de lui en demander compte. Encore une fois, elle ne disserte ni ne prêche. La pensée même ne la traverse que par accident. Elle transcrit toutes chaudes ses impressions; ses articles sont faits de « sensations peintes ».

« D'ABORD, VIVRE ! »

Par CHARLES VINCENT

J'achève votre livre, mon cher Vincent ; je l'ai lu avec lenteur, reprenant des phrases et des pages, et crayonnant. Si vous voyiez les marges de mon exemplaire..... C'est qu'il est chargé d'idées, ce roman de votre quarantaine. Ah! vous êtes plaisant de nous peindre la décadence de vos « vieux jours », la « maigreur de l'arbre », la pauvreté de sa frondaison tardive. Vous êtes plaisant... pardon... c'est votre Jacques Lefranc que je veux dire, et je ne sais pourquoi, en l'écoutant, c'est le timbre même de votre voix que j'ai eu dans l'oreille.

On ne perd pas son temps à l'entendre. Il sait la vie ; les leçons des événements ne lui ont point manqué, ni les rencontres instructives avec les hommes. Il a beaucoup retenu, et il est expert à dire. Non qu'il déclame, grand Dieu! ni qu'on le surprenne à s'écouter parler. Mais il a, de nature, une fière éloquence, un peu amère; il éclate contre certaines choses en accents d'une belle âpreté, il inflige à certaines gens des mépris vengeurs, il fouaille les vilenies. Il sait admirer aussi et aimer. Sous son enveloppe rude se cache un cœur très tendre, plein de délicatesses et de pudeurs exquises. Mais peu de gens ont part à son intimité. J'imagine d'ailleurs qu'il s'est fait des ennemis. Beaucoup ont dû se déchirer à ses aspérités de surface. Moi, il me plaît. Je lui reproche pourtant d'avoir lu trop jeune Schopenhauer. Car il ne le nomme pas, mais il l'a lu. A dix-neuf ans, le soir qu'il monte sa première garde, au bord de la Marne, il s'avoue déjà philosophe, et philosophe pessimiste. Il le restera avec excès.

Certes le sort lui a été sévère. La ruine soudaine de son père, l'exode précipité de sa famille de « l'Inde chaude et propice » vers les frimas de notre Paris, tels sont ses premiers souvenirs. Puis la mort de sa mère mit son enfance en deuil, et jamais il ne quitta ce crêpe. Puis il subit les duretés qui accueillent les pauvres dans le monde. La lutte pour la vie, — *D'abord, vivre!*

— il dut vite l'engager. En plein rêve d'adolescence, d'une adolescence dont il peint trop vivement peut-être les troubles de sens et d'imagination, il lui fallut se lever homme, la destinée abrégeant pour lui « ce stage de l'inutilité ».

Et presque aussitôt la tourmente de 1870 l'emporta comme une feuille. Soldat, il fit son devoir simplement, plus brave que le grand nombre, et je ne sais pourquoi je ne le sacrerais pas héros, ce frêle jeune homme, « haut en pousse », pour qui les sacs de pommes de terre — et l'autre sac — étaient lourds, mais à qui « le sang mua » si fort à la vue de l'Allemand.

La guerre finie, la nécessité le ressaisit. Il vit de sa plume, journaliste et aussi, je crois, poète et philosophe. Mais voici finir ma compassion. Car cette plume qui le nourrit lui donne, en outre, le succès, presque la gloire. De plus, célibataire triste, maudissant sa solitude, il voit venir à lui un cœur auquel son cœur s'est pris le premier. Or, il le repousse, le fuit, et il continue d'accuser la fortune! Je répète que ma pitié cesse et que si Jacques Lefranc persiste à se plaindre, c'est qu'il boude la vie, c'est que Schopenhauer, — qui ne l'a pas boudée pour son compte, — l'a touché de son influence.

Je n'oublie aucune des raisons par lesquelles il se démontre à lui-même qu'il doit souffrir. Son œuvre d'homme « arrivé » a été inefficace. Il n'a défendu que des causes condamnées. Le roi qu'il a servi est mort en exil. Inutile a été sa plume, comme son fusil de Champigny. Il se sent vaincu et dupe, qui pis est. Ses chevauchées lui apparaissent comme des expéditions de Don Quichotte. Ses enthousiasmes ont flambé « en punchs que les aigrefins ont bu à la ronde, après digestion faite ».

Voyons, cela demande réponse. Certaines phrases feraient croire qu'il méprise en lui le combattant malheureux. Or, il n'en a pas le droit. Ces feux de bivouac des campagnes perdues, dont il raille les braises éteintes, laissent une auréole au front de quelques-uns, et il est de ceux-là. Il le sait d'ailleurs, et l'orgueil lui en reste, malgré tout. Il a été ferme, vaillant ; le motif de ses actes a été pur, il n'en renie aucun. N'est-ce donc rien que de pouvoir se rendre pareil témoignage ?

Enfin, s'il a tourné le dos à l'amour qui s'offrait, il en donne de nombreux motifs, dont un seul peut compter, — ses quarante ans. Ah ! lui sont-ils restés dans l'oreille, ces douze coups d'horloge qui, une nuit de juin, lui ont signifié qu'il venait d'atteindre cette « force de l'âge », ce « point culminant » d'où il faut descendre ! Mais si, malgré ce « déclin » commençant, — et avoué, — une belle et pure jeune fille, millionnaire par surcroit, le demande et le supplie, je trouve vraiment qu'il lasse sa bonne étoile. Et quand je l'entends répéter ensuite du même ton désolé : « Moi, je passerai solitaire... » je lui dis de s'accuser lui-même. Aussi bien est-ce ce qu'il fait. Mais il s'irrite trop souvent encore et trop fort contre les choses et les hommes; en quoi il pèche. J'ai tenu à le lui dire, et à vous, mon cher Vincent.

Avouerai-je maintenant qu'il m'intéresse ainsi davantage? S'il s'apaisait, nous y perdrions l'éloquence de ses colères, et ce serait tant pis. J'ai noté des pages superbes de dégorgement douloureux, à la Swift. Parfois ses ironies se condensent en de petites phrases cinglantes qui rappellent Veuillot, un autre de ses maîtres. Et il a sa note bien à lui. Car il est né artiste, et, s'il a lu et se souvient, il écrit comme il sent ; ce qui ne veut pas dire comme tout le monde. Il a le don du relief. Souvent, sans qu'il y songe, sa pensée se formule en un raccourci d'aphorisme qui mériterait la mise en vedette du paragraphe.

On pourrait aussi détacher de son récit deux ou trois portraits enlevés à la pointe vive du burin. Par exemple, celui de Corsican, le forban de lettres, pourri de corps et d'âme, ballonné de virus, enflé de drogues dépuratives, et celui d'Aglaé la courtisane, avec les craquelures de sa beauté, son épiderme mangé de poudres chimiques, sa chair fripée, les stigmates et l'usure du plaisir.

Ajoutons que le portraitiste satirique se révèle paysagiste à l'occasion. Un soir de septembre, c'est la Marne qu'il peint « retenant tout un pan du ciel dans ses eaux claires », tandis que l'herbe de ses bords piquée de pâquerettes fait un cadre à ce miroir. Une nuit d'été, c'est le bois de Chaville sous des rayons de lune, avec des « senteurs d'herbes et de feuilles... des frémissements de branches traversées... des bruissements d'élytres, des hou-hou lointains ». Une autre fois, il tire son crayon en pleine rue de Paris, et il dessine les pentes de Montmartre escaladées par les bâtisses.

Enfin il y a autre chose dans ce livre que du pittoresque et de la satire. Il est touchant, votre homme rude, quand, sur le tard, il se prend à aimer, touchant par ses respects, par ses timidités. Et, si je m'obstine à ne point entrer dans ses raisons d'esquiver le bonheur, je devine sa passion inguérissable, les cœurs comme le sien ignorant les fantaisies et les amusettes. Mais savez-vous où il m'émeut davantage ? C'est dans le récit de deuil qui ouvre presque le volume. J'ai pris les *Mémoires* de Tolstoï, et j'ai comparé les pages où il raconte, lui aussi, la mort de sa mère. Les vôtres sont plus belles. Jamais homme n'a dit avec plus de sanglots dans le cœur, et mieux contenus, sa première grande douleur. C'est bref, et c'est poignant comme des larmes viriles.

L' « initiation » à la pauvreté est aussi un morceau de premier ordre. « Alors, Lefranc, comme ça, tu es donc pauvre ? » Vous avez mis la leçon dans la bouche d'un lourdaud, et vous avez bien fait. Quels organes de vérité sont parfois les imbéciles !... Eh ! oui, jusque-là la bienheureuse enfance lui avait clos les yeux ; le désastre des Indes ne lui avait rien appris ; il n'avait pas vu l'écharpe de misère le ceindre, lui et les siens. Cette réflexion d'un camarade sur son chapelet de treize sous, la veille de sa première communion, lui fut un coup de lumière. Il eut bien envie de pleurer; mais il se consola avec le *Magnificat :* « *Esurientes implevit bonis....* »

C'est de la philosophie, cela, de la bonne, parce qu'elle est sereine, parce qu'elle met de la paix dans l'âme. Il y en a autre part dans ce livre. Votre chasseur de Vincennes engage avec « la bouche d'ombre », — c'est-à-dire avec un canon du fort, — un dialogue de haute allure. Tandis qu'il s'accoude sur la « bête », interrogeant le rire de son « mufle béant », elle lui confesse l'orgueil et l'immoralité de sa force. Et lui, méditant sur cette *chose* créée de main d'homme « en tant que *forme,* sinon que *matière* », malice humaine « trempée en acier », masse animée d'une « âme de péché », il compare « l'harmonieuse bonté du Dispensateur de la vie et la discordante fécondité des multiplicateurs de la mort ». Il connaît saint Thomas, votre pioupiou; saint Thomas, après Fichte et Schopenhauer!... Combien, dans sa compagnie, pouvaient lui donner la réplique ?

Je viens de relire aussi les conseils à un enfant, — ceux que Lefranc regrette de n'avoir pas reçus, — l'admirable définition de l'honnête homme et la classification des... autres. Ici reparait le pessimiste. Il se plaît trop au dénombrement des méchants. Ce créole a gardé dans un pli de sa mémoire une image dont il est hanté. C'est, au bord d'un fleuve jaunâtre, frangé de sable d'or, sur une berge de hautes herbes, « une longue et souple figure de félin, rayé de velours noir sur une robe à teinte de safran ». Ce « seigneur tigre » entrevu jadis d'une véranda, sur une rive du Gange, au bruit des tamtams hindous, il croit le rencontrer à chaque détour de chemin.

Mais, encore une fois, on l'aime mieux ainsi. Pour rien au monde, on ne voudrait adoucir ce moraliste amer.

Vous avez fait, mon cher Vincent, un livre original, vigoureux, plein de pensée, puissamment écrit, et pour tout dire, un fier livre.

M. OLLÉ-LAPRUNE

ET SA

PHILOSOPHIE DE LA VIE

Qu'est-ce que la vie? cette chose fluente, l'essence qui circule en moi, anime l'agrégat momentané qu'est mon être physique, en répare l'usure, l'empêche de se dissoudre? Une force, assurément. Mais voilà encore un de ces mots dont nous couvrons notre ignorance.

Il y longtemps que les poètes ont répondu par des métaphores, et les philosophes par des explications poétiques aussi quelquefois. Par malheur, les allégories ne résolvent rien.

La précision de la science a échoué au problème aussi bien que les vagues divinations. Les anatomistes s'y sont épuisés. Décrivant à merveille les organes, leurs points d'attache, leurs appartenances, ils ont fait de la géographie, disait Claude Bernard, qui répétait volontiers aussi le mot de son maître Méry : « Ce sont des commissionnaires qui courent les rues ; les maisons leur sont fermées, et ce qui s'y passe est un secret pour eux. » A peine meilleur, du reste, a été le succès des physiologistes. Ils ont saisi, je le veux, pris sur le fait par la vivisection le jeu de la vie. Ils ont défini l'état particulier de la matière animée, la synthèse moléculaire qui compose la cellule et le tissu. Ont-ils beaucoup dépassé, en fait de formule explicative, le mysticisme suranné des vitalistes ?

Non, toute tentative a échoué de ramener aux autres forces de la nature la grande inconnue. Irréductible, inimitable, elle résiste à toutes les assimilations ; on ne la contrefait point dans les laboratoires. Les phénomènes physico-chimiques en sont les conditions nécessaires, non suffisantes. Bichat nous avance-t-il beaucoup quand il nomme la vie : « l'ensemble des fonctions qui résistent à la mort » ?

Nous ignorons donc ce qu'elle est, et il en faut prendre notre parti. Mais, ce mystère avoué, reste une question qui nous sollicite bien davantage ; car elle intéresse moins notre ambition spéculative que notre pratique journalière, l'estime que nous faisons de nous-même et des autres, enfin notre destinée.

Quelle qu'elle soit, la vie s'offre à nous comme un fait. Mouvement, chaleur, vibration, elle est en vous, elle est en moi. Que vaut-elle? Est-elle bonne, et à quoi? Comment en user?

On se le demande de nos jours avec plus d'anxiété que jamais peut-être. Une époque de réflexion et d'analyse devait creuser un tel problème. Schopenhauer, que nous lisons beaucoup, a-t-il provoqué cette inquiétude ou en a-t-il bénéficié? C'est lui qui a défini l'existence humaine « un épisode qui trouble inutilement la béatitude et le repos du néant ». « Grande mystification, pour ne pas dire duperie », ajoutait-il. Le mot a été repris, nous avons eu des pessimistes, nous en avons.

Avec quelle magnificence de rythme et d'images M. Leconte de Lisle n'a-t-il pas chanté la désespérance! En même temps que lui, une femme philosophe s'est trouvée pour mettre en vers la haine de la vie. Quelqu'un vantait, l'autre jour, la sombre violence de M. Rodin. Et le plus lu de nos romanciers ne se caractérise-t-il par une vue triste autant que par un avilissement systématique des choses?

Or voici qu'un homme particulièrement qualifié, celui qui naguère indiquait aux nouvelles générations les *Sources de la paix intellectuelle,* s'est posé à son tour cette question de la vie. Il l'a traitée durant une année de cours, devant un auditoire de jeunes gens, de ceux à qui l'État donne mission professionnelle de former l'âme française. Et le recueil de ses leçons fait un livre qu'il offre au public sous ce titre : *Le prix de la vie.*

Ce qu'il conclut, il l'annonce dès la première page : « La vie est singulièrement précieuse, si l'on sait voir ce pour quoi elle nous est donnée et ce que nous pouvons et devons en faire. »

On se plaint de la vie; est-ce bien vrai? Au fond, la vie ne nous parait chose dure, pénible, que lorsqu'elle est empêchée ou gênée dans son développement : « Elle n'a pu s'épanouir, elle n'a pu *être elle-même;* et alors froissés, blessés, ce n'est pas de vivre que nous nous plaignons, c'est de ne pas vivre assez. » En soi, vivre est doux, vivre est une chose belle, répéterait volontiers M. Ollé-Laprune, après Aristote. Et il ne tire pas cette opinion d'une balance des biens et des maux physiques ou autres ; évaluation forcément incomplète et arbitraire, inspection superficielle, écrivait spirituellement William Hurrell Mallock, inspection du douanier qui soupèse une valise pour la laisser passer aussitôt. M. Ollé-Laprune est un esprit rigoureux, qui procède avec méthode. Quand il étudie un objet, il « l'ouvre », comme il dit.

Que contient la notion de la vie ?

Quelle est son essence, sa loi ?

Deux mots la résument : nutrition, génération. Nutrition, prise de l'aliment qui s'incorpore, s'assimile, renouvelle la substance. Génération, emploi, dépense de la richesse vitale. « L'être vivant reçoit, mais pour donner ; il prend, mais pour rendre » ; et cela même, c'est la loi de la vie, de toute vie, non pas seulement de la vie organique, mais de celles dont elle est la condition et le support, et qui se hiérarchisent au-dessus d'elle. Dans ses formes le plus hautement spirituelles, la vie se caractérise par ces deux fonctions primordiales. De sa nature, l'intelligence est réceptive ; elle recueille, elle absorbe, et, riche de ses acquisitions, naturellement encore, elle s'exprime, se répand, se communique, procrée.

La vie, pour l'homme, c'est donc d'abord d'entretenir et de développer son être et toutes ses puissances, d'être bien *soi*, « puisque toute vie forte est une vie recueillie et non dispersée, comme la physiologie le montre ». C'est aussi de *sortir de soi*, d'user de ses puissances, de devenir, pour d'autres, source d'être, de vie. Être homme, cela comprend tout cela ; « faire bien l'homme », disait Montaigne, exacte traduction du τὸ ἀνθρωπεύεσθαι d'Aristote.

Être homme, ai-je écrit. Cela suppose une certaine *idée* de l'homme, distincte de toute autre, de celle de l'animal, par exemple, et j'y ai attaché une signification de dignité, de noblesse, d'excellence. Pourquoi? Parce que l'homme pense. La pensée est le signe d'une vie plus haute. Je dis donc : « L'homme vaut mieux que l'animal », et je sais en quoi il vaut mieux. Ainsi se justifie l'*idée* de l'homme impliquée dans ma proposition de tout à l'heure, et qui contient tout ce que la nature humaine *exige*, *appelle*. Idée, non point notion scientifique, de formation tardive, mais idée première, *idée type*.

Et quelle n'est pas sa vertu pratique! Elle justifie nos jugements sur autrui et sur nous-mêmes; elle nous dicte l'emploi de la vie. L'idée d'un être, c'est à la fois l'ensemble de ses caractères constitutifs et la loi de son développement. Tout individu vivant tend à réaliser l'idée de son espèce. Sorte de raison immanente, de *raison séminale*, elle préside à son évolution. Elle l'incite, elle le pousse à devenir le plus et le mieux possible lui-même. L'idée type de l'homme engage donc chacun de nous à parfaire en lui ce qu'elle signifie, à ne pas laisser sommeiller ses puissances, à *actuer* ce que son essence requiert, c'est-à-dire à mettre en œuvre toutes ses facultés, celles surtout qui font l'éminente qualité de son être, les intellectuelles, les morales.

Et, du coup, quelques modernes formules de la vie se trouvent condamnées.

Le dilettantisme, par exemple, ou, autrement dit, l'esthétisme. Se prêter aux formes diverses de la vie sans se donner à aucune, revêtir toutes les façons d'exister et s'en dépouiller, comme on quitte un frac ou un froc, traverser toutes les philosophies, toutes les religions, s'ouvrir à toutes les idées, les accueillir toutes, à toutes donner une hospitalité provisoire, nullement soucieux de les concilier, se divertir même de leurs antinomies comme d'une « tapisserie bariolée », tailler son esprit à mille facettes pour réfléchir les aspects multiples des choses, faire de son âme une « mosaïque de sensations », disait, je crois, le Dorsenne de M. Paul Bourget, plusieurs de nos contemporains sont maîtres en cet art d'agilité spirituelle. Entre tous, Renan a su exceller à ce jeu, et beaucoup ont été séduits par l'aisance supérieure de ses volte-face. Ainsi le dilettante « cultive » son *moi*, il le perfectionne, il l'enrichit ; — du moins, le pense-t-il. Mais que des autres à lui un lien d'obligation puisse se former, que ces objets de curiosité deviennent jamais objets de devoir, cette pensée lui répugne. Il entend ne pas s'engager dans l'action, rester au bord de la vie, garder l'attitude « du contemplateur amusé », du « monsieur du balcon qui essuie les verres de sa lorgnette pour ne rien perdre de la comédie ». Un néologisme exprime cette conception de la vie affirmée par certains avec une exagération particulière : *Égotisme*, c'est-à-dire exclusive religion du « subjectif ».

A ce point extrême aboutissent logiquement les virtuosités de l'esthétisme. M. Maurice Blondel (1) le démontrait récemment avec éclat : « Quand le dilettante glisse entre les doigts de

(1) Voir son beau livre : *l'Action*.

pierre de toutes les idoles, c'est qu'il a un autre culte, l'autolâtrie ; à tout regarder du haut de l'étoile Sirius, tout lui devient exigu et mesquin, tout et tous ; il ne reste de grand que l'amour-propre d'un seul, *moi :* « *Ut sim !* »

Que vous semble de cet « état d'âme », pour employer un terme à la mode? Est-ce là ce développement harmonieux de tout l'homme que veut l'idée de l'homme? Est-ce la vie humaine vécue selon sa loi, que nous avons vue être la loi de toute vie? Non, répond M. Ollé-Laprune. La direction des facultés gauchit, leur équilibre se trouble, le sain et droit épanouissement de l'être moral, avec la hiérarchie de ses attributs, est finalement contrarié. Atrophie et hypertrophie. Le dilettantisme est une maladie, « et par défaut, et par excès ». Il énerve la volonté qui, à ce jeu « d'illusions scéniques » dissipées par l'esprit à mesure qu'il les crée, ne trouve pas son emploi. « Il tend aussi à détruire ce que dans l'homme il exalte : la sensibilité qu'il rend suraiguë, qu'il affine à l'excès, qu'il fausse, en sorte que le plaisir devient peine et la peine plaisir; l'intelligence, qu'il dissout par l'habitude de l'analyse à outrance, qu'il abime dans les objets de son inerte contemplation ».

Car c'est l'inertie même que cette vie de volupté égoïste, l'inertie et la stérilité. Satisfait de regarder et de jouir, réduit à soi et à sa propre jouissance, épicurien contemplatif, on se tient hors de l'action, hors de la mêlée des agissants, qu'avec orgueil on appelle « les barbares ». Le pur dilettante ne produit rien, pas plus dans l'ordre esthétique que dans l'ordre moral. Il se promène en amateur autour des ateliers, ingénieux quelquefois à la critique, sans outil quelconque ni main d'ouvrier pour s'en servir.

Et par là il viole cette grande loi de fécondité qui s'impose à tout être animé. Joubert a écrit : « Tout homme doit être auteur, sinon de bons ouvrages, au moins de bonnes œuvres. » « Il gist en votre volonté, dit Montaigne, non au nombre des ans, que vous ayez assez vécu. » Il veut qu'on « allonge » le plus possible « les offices de la vie ». C'est la vraie manière de vivre avec intensité. Bien plus, le contraire tue. Si intelligente qu'on l'imagine, et curieuse, et attentive, l'inaction éteint la vie. « La vie est une source qui se renouvelle à condition de se répandre... Chacun a besoin de faire quelque chose pour autrui, d'être pour autrui cause de quelque bien, de quelque degré d'être, de quelque surplus d'être, si je puis dire, et sans cette générosité qui nous fait sortir de nous et donner notre vie à d'autres que nous, nous ne sommes pas bien nous-mêmes : notre vie, qui ne se dépense pas, languit et s'use... Le vivant semble tirer tout à soi ; mais, quand il est bien soi, il sort de soi. »

En ces termes, M. Ollé-Laprune condamne les nouveaux Narcisses, occupés à se mirer « dans l'eau transparente des choses », aussi vains que l'autre et, comme lui, destinés à en mourir.

L'être *bon*, que la vie récompense, est celui qui, au lieu de se jouer aux élégances futiles, se conforme à sa fin. Or, cette fin, c'est son achèvement, sa perfection. Qu'il ait donc tout ce qu'il est dans sa nature d'avoir. Qu'il travaille à développer, à *actuer*, avons-nous dit, ce qu'il possède en *puissance*. Vivre, c'est déjà être *en acte ;* vivre bien, c'est y être pleinement, ne laisser en langueur aucune de ses énergies. Et, sans doute, une telle vie est bonne en soi, absolument parlant ; mais elle est bonne aussi pour qui se sent vivre de la sorte et jouit de ses facultés mises en œuvre. C'est l'épanouissement de la nature, et c'est cela même que souvent on appelle la nature. Bien, fin, perfection, nature vraie, c'est tout un. Et le plaisir naît de cela. Le plaisir parachève l'acte, perfection suprême s'y ajoutant « comme à la jeunesse sa fleur ».

Le mot est d'Aristote, et c'est au livre de M. Ollé-Laprune sur la morale d'Aristote que j'emprunte çà et là, à peu près textuellement, cette théorie de « la fin pratique ». Aussi bien n'a-t-il guère fait lui-même que la reproduire, avec des variantes de forme, en quelques-unes de ses pages sur « le bien et le bonheur », dans le *Prix de la vie*.

Il avoue qu'il a étudié avec une sorte de passion cette conception athénienne de la morale. Il a tâché, dit-il, de se faire Grec avec Aristote, et il y paraît au tour de plusieurs de ses pages, qui se peuvent classer, je pense, parmi les plus parfaites de notre littérature philosophique. Mais en commentant et admirant « l'eudémonisme rationnel », il n'a pas oublié qu'en sa qualité de chrétien et même seulement de moderne, il avait « plus et mieux ». C'est ce plus et ce mieux qu'il nous offre dans son récent livre.

En même temps que la vie pleine est le bien, selon le philosophe du Lycée, elle est aussi le beau ; et c'est même parce qu'elle est le beau qu'elle est le bien. Le beau est pour lui « le nom propre de la moralité ». Vivre bien, c'est vivre *bellement*. Le mot ni l'idée ne lui appartiennent d'ailleurs. Avant lui, Platon (1), Xénophon avaient dit de même ; l'expression était entrée dans la langue commune des Athéniens, bien digne d'un peuple artiste. Il est beau de faire ce que la raison prescrit ; elle donne sa *forme* à la vie humaine. Chacun porte en soi un homme type qu'il s'agit de dégager. A chacun d'écarter ce qui le masque. Ce faisant, on agit en amoureux de l'idéal, et c'est une source d'exquises jouissances.

Y est-on tenu, *obligé* rigoureusement ? Il semble que non. Du moins, Aristote ne précise-t-il pas, et rien n'indique que la notion du lien strict, du *vinculum*, soit entrée dans sa conception. Ce qui domine son éthique, c'est l'idée de convenance, d'eurythmie, de beauté. Cette idée, la raison la découvre et l'indique comme un modèle ou un *canon*, mais sans ordre exprès, au sens d'*impératif catégorique*. Ainsi comprise, la morale prescrit plutôt un bel arrangement, une belle disposition de l'âme, qu'elle ne promulgue un code.

(1) Le sage de Platon porte son manteau « *avec grâce* et en homme libre ».

Elle donne moins une loi qu'un principe intime d'harmonie.

Aussi l'homme vicieux n'est-il blâmé que parce que, volontairement, il se *déforme*. Dépourvu du sentiment et du souci du beau, il afflige le regard par un désordre tumultueux ou un laisser aller sans grâce. *Pécheur*, non ; ce mot n'a point d'analogue dans la langue d'Aristote. Aucun de ceux dont il désigne les pires états de l'âme ne correspond exactement à notre significatif terme de *péché*. La *conscience* non plus n'est point nommée dans son vocabulaire ; je veux dire ce que M. Ollé-Laprune définit à merveille « une vue proprement morale de soi et de ses actes, un compte rendu intérieur rigoureux, sévère ».

Non, le sage d'Aristote jette sur soi un coup d'œil d'artiste, satisfait s'il y trouve de l'eurythmie, n'imaginant point de règle plus contraignante que celle de l'esthétique.

Et là est une première lacune du système. C'est très noble, cette loi de la beauté gouvernant la conduite, c'est très athénien surtout. M. Ollé-Laprune l'a montré en un chapitre de la facture la plus grecque.

Mais suffit-il pour maîtriser les passions de proposer à la volonté des convenances engagéantes? Est-ce assez d'une bienséance démontrée, d'une attirance offerte? Non certes, et ce que nous appelions, il y a un instant, l'*idée* de l'homme implique davantage. Elle dicte, avons-nous dit, l'emploi de la vie. Elle commande, elle ordonne, non pas au sens d'*ordinare*, mais au sens de *jubere*. Obéissance est requise à sa loi.

Ce point laissé dans le vague par Aristote, M. Ollé-Laprune le précise avec une particulière insistance dans trois substantiels chapitres du *Prix de la vie*. Il définit l'obligation morale, il la défend contre une récente théorie qui veut l'éliminer comme *mystique*; il affirme contre les évolutionnistes la transcendance de son origine. Cette loi, qui est le bien en même temps que le beau, il établit qu'elle suppose un Législateur. « Il faut qu'un certain bien préexistant logiquement à la loi contienne la raison de la loi. » Et ce bien est autre chose qu'une abstraction. Je ne puis recevoir, moi vivant, de lumière, de règle, que d'un vivant comme moi « et plus excellent que moi ». Ainsi la loi morale, considérée en son suprême objet et en son dernier fondement, me fait trouver un être personnel qui est « l'être excellemment être ».

Il ne s'agit donc plus seulement de répondre aux sollicitations d'un idéal conçu par la raison philosophique, de contenter les exquises aspirations d'une âme affinée. Une pareille éthique, faite pour des *eupatrides* occupés à la culture délicate de leur personne spirituelle, exercés aux spéculations de la sagesse, jouissant du jeu noble de leur pensée, — insuffisante d'ailleurs, même pour cette élite, — ignore trop le mal foncier que l'homme doit combattre en lui-même. Pour nous, chrétiens, — et le darwinisme n'a pas de quoi nous contredire, — c'est un lieu commun de morale que l'homme naît avec une tendance à suivre sans mesure des appétits animaux qu'un code de prescriptions impératives peut seul réprimer.

Nous estimons en outre que, même dans la satisfaction légitime des instincts, une réserve est nécessaire, qui affirme la maîtrise de l'esprit. Il faut une force de refoulement, de resserrement ; écrivons le mot de l'Évangile : il faut du renoncement. Pas de vie morale sans cela. « Le moyen pour elle de se dilater, c'est de commencer par se resserrer. » Et voilà encore ce que l'auteur de la *Morale à Nicomaque* n'avait pas entrevu. Contrariété de soi-même, détachement volontaire, même arrachement de vive force, à l'occasion.

Comment cette « mort partielle » se concilie avec l'activité la plus féconde, comment le monde actuel non seulement garde son prix, mais gagne à ce point de vue supérieur, il le faut lire dans M. Ollé-Laprune. La vie présente vaut comme *moyen;* elle fait notre éducation, elle prépare cet au-delà que la transcendance de la loi morale nous aide à deviner. Elle vaut aussi, d'une certaine manière, comme *fin*. Théâtre de l'épreuve humaine, la terre demande le labeur humain qui, en y mettant, fût-ce au plus humble degré, l'empreinte de l'intelligence, y laisse, en quelque mesure, la marque de Dieu. Toute mainmise sur la nature est un assujettissement de la matière à l'esprit; comme telle, bonne en soi. Mais bien davantage que le lieu, les habitants, nos semblables, doivent nous occuper.

Compagnons les uns des autres en ce monde de transition et de préparation, une solidarité nous unit, que le christianisme a dès longtemps proclamée, que la science la plus récente constate. Le temps n'est plus où un philosophe pouvait définir la société le résultat d'une convention. Désormais la sociologie s'assigne pour point de départ, non l'individu, mais le groupe humain. Et si nous nous refusons à suivre les théoriciens positivistes, lorsqu'ils assimilent de tous points les agglomérations d'êtres raisonnables et libres aux sociétés d'insectes ou aux meutes d'animaux chasseurs, nous prenons bonne note de leurs conclusions quant à cette loi de coopération qui n'est autre, sous un déguisement, que l'évangélique loi d'amour.

Le Stagirite eût-il été compris s'il l'eût formulée? La pensée ne lui en est pas venue, et l'antiquité n'en a pas eu le soupçon. Le disciple d'Aristote est dévoué à ses amis; c'est tout. Il n'imagine pas que son devoir de bienfaisance puisse s'étendre au delà de ce cercle choisi.

Comparez à ce sage, tel que l'antiquité savante l'a fait, le plus ignorant des chrétiens récitant sa prière. A quoi vise-t-il, ce simple? Que demande-t-il? Ce *prochain* dont il parle à Dieu, ce n'est pas seulement son *proche*; c'est tout homme. Et il déclare qu'il l'aime, et il veut son bien. Il entend contribuer pour sa part à l'avènement du règne de Dieu, c'est-à-dire travailler à l'amélioration humaine. M. Ollé-Laprune a raison de dire que sa prière est « universelle ».

Nous voici aboutir à la religion. Ce n'est pas pour faire reculer le philosophe du *Prix de la vie*. Il reconnaît en elle la grande vertu unifiante. « La religion est essentiellement lien, lien des hommes avec Dieu, lien des hommes entre eux : elle est société, société des hommes avec Dieu, société des hommes entre eux : elle est amour. Et l'amour, allant jusqu'au bout, jusqu'au fond, jusqu'au haut, ayant Dieu pour suprême objet, et étant essentiellement acte d'âme, unissant les âmes, et les unissant en Dieu, par Dieu, avec Dieu, l'amour a un caractère religieux, une portée religieuse. »

Dès lors, combien l'ordre de la moralité pure est dépassé !

Mesurez l'efficace que donne la foi chrétienne au vouloir intime ; évaluez ce que peut cette force pour le développement de l'être moral ; mettez-vous au point de perspective où elle place l'homme en face du monde ; comptez les allégements, les consolations, les espoirs, les certitudes qu'elle apporte avec elle, et dites si la question du prix de la vie se pose encore.

Le christianisme donc s'offre comme la solution par excellence du grand problème. Avec ses dogmes pacifiants, l'humaine et divine doucœur de sa morale, les clartés qu'il ouvre sur l'au-delà, il force ou attire l'attention de quiconque a le souci, non pas seulement des choses spirituelles, mais des choses sociales. M. Ollé-Laprune nous invite à l'étudier ; mieux que cela, il nous presse d'y adhérer. Où donc serait l'obstacle ? Dans l'antagonisme fameux de la science ? Gare les malentendus ! L'indépendance des deux domaines ne vient-elle pas d'être affirmée avec éclat ? « La physique ne peut rien contre le miracle..., l'exégèse ne peut rien contre la révélation... Qui se détacherait aujourd'hui de la communion de l'Église pour des raisons philologiques ? » Avant M. Brunetière, M. Ollé-Laprune avait dissipé l'équivoque, nous avertissant de ne pas confondre avec la science une certaine philosophie « à elle surajoutée ». Gardons-nous donc de nous laisser arrêter par des incompatibilités factices. Distinguons de la science ce qu'on essaye de bâtir à côté d'elle ou sur elle, en porte à faux (1).

La pensée de M. Ollé-Laprune conserve-t-elle

(1) Le lien logique, très-ferme, de cette suite de propositions sur l'obligation morale et la transcendance de son origine, sur la religion et son efficace, est à peine indiqué dans cette rapide analyse.

figure en ce raccourci? J'eusse voulu donner quelque idée de sa netteté, de sa vivacité logique et aussi de sa forme. Car ce philosophe se double d'un rare écrivain. On se plaît à la grâce fine, à l'aisance familière et noble de son style. Il faudrait, par des citations étendues, faire connaître, en ses délicatesses, cet art accompli. Je renvoie aux pages sur le dilettantisme, sur l'*idée*, aux chapitres sur la *loi de toute vie, l'œuvre de la vie, la forme de la vie,* enfin à cette conclusion qui a pour titre : *Notre tâche aujourd'hui et demain.* C'est simple, précis, éloquent, d'un choix de langue exquis. Ce livre est, je crois bien, le meilleur qu'ait écrit M. Ollé-Laprune, et je sais combien c'est dire. J'en juge par le réconfort qu'il me laisse et aussi par cette impression d'élégance pure qui en est comme la saveur précieuse.

LA
JEUNESSE DE BERRYER

On se figure comment Taine eût écrit la vie de Berryer. Il y eût montré un admirable « système » de forces, un beau cas d'application de sa théorie favorite. Nul, en effet, mieux que le grand avocat ne semble vérifier en sa personne la thèse de la *faculté maîtresse*. Orateur, tout en lui procède de là. Il sent, il imagine, il pense en orateur.

Est-ce assez dire qu'il parle en orateur pour donner l'idée de cet accent, de ce geste, de cette expression, de cette action, et de cette voix d'un métal unique, tel que peut-être il n'en vibrera plus? Ajoutons que la trilogie de la *race*, du *milieu* et du *moment* ferait ici merveille. Car fils d'avocat, Berryer vint au monde à l'heure de la

(1) *La jeunesse de Berryer*, par Charles de Lacombe.

plus grande débauche de paroles qu'on vit jamais, et rarement les circonstances extérieures concoururent mieux à la formation d'un homme éloquent.

M. Charles de Lacombe a vu tout cela et n'en a rien négligé. Mais il n'est point systématique. La psychologie de Berryer, il la pénètre; d'un regard exercé d'analyste, il la détaille, il en dégage la dominante, sans songer un instant à assimiler cette opération spirituelle à un démontage mécanique. Les choses ambiantes, il les étudie aussi, et il les fait entrer en compte. Mais il n'a garde d'en composer des forces dont le génie serait la résultante. Historien et philosophe sans appareil technique, ni armature rigide de théorie, il vient de mettre au jour une œuvre élégante et forte, composée et écrite avec aisance, documentée comme il convient.

Comment Berryer naquit orateur, comment le don divin germa et se développa en lui, ce livre le raconte. Ame chaude, frémissante au moindre contact, passionnée avec une puissance de séduction qui s'exerça dès l'enfance, le collégien de Juilly fit pressentir le triomphateur de la barre et de la tribune. Le premier procès qu'il plaida lui tenait à cœur, et à bon droit. C'était le sien propre, et il s'agissait de sa première communion. Refusé sur le mot à mot du catéchisme, il sut montrer avec ardeur qu'il le comprenait; il pleura et fit pleurer ses juges. Sa cause était gagnée.

Quelques années après, il s'exaltait à la lecture des procès-verbaux de la Constituante. Puis M. Frayssinous lui révéla la grandeur de la parole sacrée, et cette impression fut telle que toujours il garda pour la chaire une envie et un regret. A peine s'en défendait-il dans l'extrême vieillesse.

Une vocation bien certaine pourtant avait fait de lui un avocat, et l'abbé Émery avait vu juste en refusant l'entrée de Saint-Sulpice à l'impétueux jeune homme.

Ses premières études terminées, des situations diverses et également brillantes s'étaient offertes à lui. D'abord le Conseil d'État, où Regnault de Saint-Jean d'Angély et Cambacérès, — tous deux obligés de son père, — s'engageaient à le faire entrer. Quelques mois après, le poste d'avocat général. Il refusa. Les fonctions publiques répugnaient à son indépendance, et la force encore latente qui était en lui réclamait un libre emploi.

Il se prépara à le lui donner, amoncelant les notes, noircissant des *agendas*, où les observations personnelles, les impressions, — nous dirions maintenant les *sensations*, — se mêlaient aux souvenirs de lecture : histoire, science, philosophie, politique..... Ainsi s'amassait la matière de son éloquence.

Ce n'est pas que le frivole n'eût sa place dans ces petits cahiers. M. de Lacombe, qui les connaît bien, en a extrait des madrigaux.

Berryer rêvait à ses heures, ou il badinait, à moins qu'il ne dépensât en plaisir la surabondance de sa sève (on sait quelle place ruineuse les passions devaient prendre un jour dans sa vie), mais il se remettait vite au travail, allant par « grands coups », expédiant la besogne de quatre.

A vingt-cinq ans, il était en possession de son talent. Il se faisait applaudir en plaidant pour Saint-Clair, les vieux professionnels le distinguaient, les journaux signalaient ce nouveau venu, si brillant et si fort.

C'est lui qui eût dû défendre Ney. Tandis qu'il assistait son père et Dupin, irrité des vaines procédures où se rapetissait le débat, une plaidoirie, la vraie, celle qui eût pu sauver le maréchal, s'élaborait en lui. Maintes fois, dans ses conversations, il en indiqua les grandes lignes ou bien, par jets, il en improvisa les développements. « Tu devrais dire cela », lui répondait son père. Le premier rôle, par malheur, ne lui appartenait pas dans ce procès.

Quatre mois après, il faisait acquitter Cambronne, et vives furent contre lui les colères de certains royalistes dont les emportements contrastaient avec la modération clémente du Roi. Mais, dès lors, on peut le dire, il avait conquis la renommée.

Il faut suivre avec M. de Lacombe les victoires de sa parole dans presque toutes les grandes batailles judiciaires du temps, jusqu'au jour où, mettant le pied sur un autre champ, il fut salué par Royer-Collard comme « une puissance ».

A vrai dire, il n'était pas novice dans la politique quand le collège électoral de la Haute-Loire l'envoya à la Chambre des députés. Outre qu'en plus d'une circonstance le monarchiste avait inspiré l'avocat, le jeune Berryer avait fréquenté les bureaux de la *Quotidienne* et du

Conservateur. Il y avait écrit. Il y avait parlé, — assez pour que, dans ces colloques de salles de rédaction, Chateaubriand fût frappé de son éloquence. Lamennais, qu'il y connut aussi, le distingua vite et se prit pour lui d'une amitié qui mit quelques heures d'apaisement et de suavité dans sa vie de penseur amer. Là encore, il rencontra le vicomte Mathieu de Montmorency, le comte de Kergorlay, le comte Jules de Polignac, le baron de Vitrolles, et Villèle, Fiévée, Genoude... Occasion pour M. de Lacombe d'esquisser des portraits, dont quelques-uns d'une touche maîtresse.

Les pages sur le révolté de la Chesnaie sont d'une belle vigueur sombre. La « grâce élégante et un peu triste » de Mathieu de Montmorency est peinte avec finesse; et aussi le scepticisme avisé de Fiévée.

Je ne sais pourtant si je ne préfère pas encore les figures d'écoliers groupés autour de Berryer adolescent, sous les arbres de Juilly : Gruey, cœur délicat et rude travailleur, Nicod, grand joueur à la balle et fort en vers latins, Lichtenstein, Gibert, les deux Granville, Lucien et Christian de Chateaubriand, Christian surtout, ce franc compagnon, le plus rieur de tous et le plus pieux, qui entra chez les Jésuites en passant par les dragons de la garde.

Et enfin quel exquis tableau que ce Juilly, avec ses horizons, ses arbres, ses eaux, ses grands silences! Saviez-vous que pendant la Révolution et jusque sous la Terreur, à quelques heures de Paris, un pareil refuge fût demeuré ouvert au labeur paisible? C'est un rafraîchissement que ce paysage. A côté des figures enfantines qui le peuplent, M. de Lacombe évoque la candeur de Malebranche. Et pour que rien ne manque à sa peinture et que l'ombre s'y oppose à la lumière, il nous montre au ras des murs, dans l'obscurité des couloirs, Fouché promenant ses remords.

Je n'ai pas noté, au courant de ma lecture, tout ce qui m'a plu dans cet ouvrage. Et de ce que j'ai relevé, peu de chose a trouvé place dans ce compte rendu sommaire. Je signale d'amusants détails sur Delille, une rencontre avec Désaugiers, un jugement magistral sur les doctrinaires, et encore un paysage : Angerville, un soir de juillet 1830, — de la fin de juillet. Berryer ignore la Révolution déjà faite, mais il la pressent. Il se promène avec son frère, sous la splendeur du soleil couchant, parmi les javelles de cette journée de moisson. Et après un long silence rêveur, il éclate en une invocation pathétique à la Providence.

Ce que fut sa fidélité au régime déchu, quel emploi il fit de sa parole aux premiers temps de la monarchie nouvelle, ce volume le raconte en ses derniers chapitres. Il se clôt sur le procès du comte de Kergorlay et nous laisse en souvenir l'imposante vision du protestataire accusant ses juges.

LE PÈRE OLLIVIER

Je l'ai beaucoup entendu, c'est peut-être ce qui m'a gâté ses livres. J'y ai cherché l'originalité, la familiarité savoureuse de ses discours ; et cela ne s'y rencontre point. Je sais la différence de la langue écrite à la langue parlée, et qu'un essai historique sur la Passion ne prête guère aux saillies de l'esprit. Mais un sermon y prête-t-il davantage ? Aussi bien, laissons l'esprit, qui risquerait en effet de se fourvoyer. Il est une marque, un relief de pensée et de style qui appartient au P. Ollivier orateur, et que j'eusse voulu retrouver dans ses pages imprimées. Or, j'ai été déçu.

Ce n'est pas que je nie sa valeur d'écrivain. Il a certes l'outil bien en main ; il s'en sert avec aisance, avec force, avec art. Sa *Passion* est une belle œuvre, très appuyée de critique, très documentée, très éloquente, un peu trop par endroits, — je veux dire trop oratoire, et d'une façon qui n'est pas sa meilleure. Sa *Vie de M. Huchette* contient des portraits de bonne touche, des descriptions bien faites, un joli croquis à la plume de Saint-Malo et de ses remparts, enfin une esquisse de la société malouine où l'on est sur le point de reconnaître sa griffe. Mais non, cela n'est pas mordu à l'acide. Dirons-nous qu'il se rencontre dans ce volume des lignes de phraséologie un peu fade, comme il n'en sort jamais de sa bouche?... Bref, le P. Ollivier n'est pas dans ses livres.

Il faut aller l'entendre. C'est en chaire que résonne le vrai timbre de son talent. Ailleurs, il s'amortit ou se dénature.

C'est un « prêcheur ».

Mais si l'on prenait le mot dans son sens coutumier, avec ce qu'il comporte de gravité traditionnelle, de solennité, d'onction, on se tromperait fort. Non qu'il n'y ait de cela dans son éloquence, lorsqu'il veut ou quand cela lui vient. Mais il y entre tant d'autres choses! Du cuivre, de l'argent, de l'étain, comme dans le métal des cloches, disait Louis Veuillot définissant un génie de poète. « Mais la fusion, lorsqu'elle

réussit, en fait un tout plus précieux que l'or. »
La rhétorique du P. Ollivier est une composition
de cette qualité, un alliage merveilleusement
sonore, non toujours homogène, ni juste de son,
sujet au hasard de la fonte, à l'accident d'une
fêlure.

Je le connais jusque dans les menues familiarités de ses habitudes, ce Dominicain petit, brun,
l'œil noir, la face ronde, éveillée, la lèvre mince,
avec un pli rieur toujours prêt à se dessiner.

A peine à genoux dans cette chaire où il vient
de monter au pas de course, pendant la prière
d'usage, il se remue, il s'agite. D'un brusque
tour de main, il dégage du capuchon son cou
perdu dans l'ampleur de l'étoffe. Debout, il est
rare qu'il entre de suite en matière. Outre l'annonce habituelle de la quête, il a souvent des
choses particulières à dire : réponses à des ques-
tions anonymes, ripostes à des attaques. Car il
ne laisse rien passer.

Un jour, je ne sais de quel monde fangeux
était venue la critique ; il témoigna qu'il s'y attendait : « Quand on jette des pierres dans une
mare aux grenouilles, on sait à quoi l'on s'ex-
pose. »

Enfin il fait le signe de la croix, il commence.

Encore deux ou trois gestes que je connais bien, un surtout des deux mains, sobre, aisé, didactique, excellent pour ponctuer un exorde. Bientôt, dans le feu de l'action, tout sera imprévu.

Sa voix est bonne, fortement timbrée, un baryton très pur. Mais il en abuse; tout à l'heure elle va s'érailler.

Rien de plus varié que le choix de ses sujets. D'abord les vieux thèmes toujours jeunes ; vérités de foi ou de morale, matière à développements classiques de sermonnaire, propre à l'arrangement symétrique, à l'équilibre majestueux. Et nul ne les traite avec une science théologique plus abondande, car il en est nourri. Sous la floraison de sa réthorique se cache un *humus* profond de doctrine. Ajoutons que l'ordonnance traditionnelle se trouve le plus souvent en ses discours. Il les charpente, les agence avec un soin visible, annonçant même les divisions à l'ancienne manière. Seulement, on n'est jamais certain qu'un débordement de fougue improvisatrice n'ajoutera pas des annexes au plan primitif.

Puis, presque toujours les « actualités » les plus prochaines s'y introduisent en contrebande ; les choses d'aujourd'hui ou de demain parmi les choses éternelles. Et ce sont des allusions, des épigrammes toutes vives.

L'autre jour, à Saint-Roch, il avait pris pour texte la parabole du pharisien et du publicain. Après une définition de la parabole en général, de sa vertu agissant par l'exemple, le fait concret, opposée à l'inertie de la doctrine abstraite, il mit en scène les deux personnages du récit évangélique. D'abord, le pharisien, dont le nom signifie séparé, — trié sur le volet, a-t-il traduit, — hautain de mine, plein de sa science littérale et de sa vertu formelle, de larges phylactères au front et au bras gauche, des houppes à longs fils à chaque coin du manteau ; ensuite, le publicain humble de mise et de tenue, la tête basse, sous l'accablement de son indignité. Publicain, c'est-à-dire professionnellement méprisable, infime agent de vexations, subalterne collecteur d'impôts, « mangeur de villages », dit le P. Ollivier qui toujours illustre les textes qu'il commente. Et, parti de cette image, il esquisse la hiérarchie des dévoreurs de provinces au temps de l'Empire romain. Puis, tandis qu'il peint les mœurs des *chevaliers* qui en étaient les chefs, l'analogie s'offre soudain à son esprit entre ces hauts bourgeois et nos fermiers généraux de l'ancien régime, et il hasarde le parallèle, le suit, le pousse comme une gageure. Traitants du siècle dernier, traitants de la Rome impériale, ce sont races pareilles, produits de décadence, princes d'argent, corrompus de mœurs, affinés d'esprit, patrons des lettres et des arts licencieux. Lisez Catulle, Pétrone; voyez, au frontispice des livres polissons d'il y a cent cinquante ans, les dédicaces compromettantes.

Mais entre ces manieurs de talents ou d'écus et nos rois de la Bourse, y a-t-il beaucoup de différence? L'orateur déclare qu'il n'en voit guère. Moins de culture, moins de bon goût; aussi peu de conscience, autant de morgue fastueuse. Et une satire de la *finance* d'aujourd'hui clôt cette échappée à travers l'histoire.

Ainsi il renouvelle par un tour inattendu les sujets les plus familiers à la prédication chrétienne. Ses aperçus neufs, ses pointes, l'élan de ses digressions, la hardiesse de ses courses à côté, de ses *bordées* — qu'on me passe le mot — en pleine vie contemporaine, éveillent son auditoire, le piquent, l'irritent parfois ; mais il n'en a souci.

L'« actualité », il ne se contente pas d'y faire, dans ses sermons, cette part accessoire, encore que disproportionnée. Il l'aborde directement, *ex professo*. Un carême, il a traité des devoirs *présents* des catholiques; un autre, de l'état *présent* de la famille. Là surtout, il est lui, il a des façons à lui, dégagé des ambages convenus, peignant toutes choses au vrai et au cru.

Nul laïque, en effet, mieux que ce religieux, ne connait son époque. Du fond de sa cellule il a suivi, narquoisement attentif, le spectacle social. Il sait les rites de la niaiserie mondaine, il décrit dans le détail l'inanité brillante de ce qu'on nomme la « haute vie ». Il fait plus. Il dénonce les dessous honteux, les tares secrètes. Car, non contente des dehors, l'audace de sa critique perce à l'intime des mœurs. Avec lui, nous pénétrons jusqu'aux intérieurs, où il crayonne à la volée le portrait de Monsieur, de Madame, des enfants, de tout le monde, dans l'abandon et la sincérité du chez soi. Voici l'homme de cercle usé de veilles ruineuses, le fils de famille lassé déjà du fardeau de son désœuvrement, la femme du monde très occupée de bagatelles. Un jour, il monta jusqu'aux soupentes où dort la domesticité. Et quels dessins nous rapporta-t-il de ces *septièmes* où nous reléguons pêle-mêle serviteurs et servantes, oubliant qu'eux aussi appartiennent à la famille, au sens chrétien du mot, insoucieux de leur moralité et de notre charge d'âmes.

Voilà comment ses *Carêmes* sont un album. Album de caricaturiste ; mais tout grand portraitiste l'est un peu, a dit Jules Janin, je crois, et ce moine est un maître. Dirai-je que son crayon m'en rappelle un autre, profane celui-là ? Oui, toutes réserves faites, par l'amère qualité de son rire, par la cruauté de son ironie, par la brusque adresse de son trait, le P. Ollivier me rappelle Forain.

L'album est complet, ou peu s'en faut. Il n'est guère de milieux dont il ne nous offre des images significatives. Noblesse, peuple, bourgeoisie trafiquante ou rentière, tous les groupes sociaux ont fourni à l'artiste des exemplaires de choix. Et s'il n'est pas descendu aux derniers bas-fonds, il s'est arrêté tout au bord.

Mais l'aristocratie surtout inspire sa verve. Il aime citer cet adage : « Le Roi fait les nobles, Dieu fait les gentilshommes » ; et il défend que l'on confonde les uns avec les autres. Le roturier

M. Huchet était né, assure-t-il, « gentilhomme jusqu'au bout des ongles ». Que de vilains se cachent sous les appellations nobiliaires ! Gens de loisir et de plaisir, pour la plupart, dissimulant mal, par l'élégance des façons, leur vulgarité foncière, entêtés de parchemins, férus de généalogies, mais bornant là leur savoir, esprits sans culture, cœurs sans aspirations, ne se connaissant de devoir au monde que la vanité des parades de salon, à moins que ce ne soit encore le *turf* ou le *sport;* quels originaux pour un peintre satirique ! Le P. Ollivier ne se lasse pas de représenter au vif cette insignifiance blasonnée. Il appuie sur le trait, il insiste, il récidive. Enfant du peuple, il trouve, dirait-on, une particulière satisfaction à se moquer des ridicules et des vices de grands seigneurs. Il n'en épargne aucun. Il va jusqu'à froisser la fibre profonde, l'orgueil de race : « Vous qui jetez des écussons sur tous les ruolz qui vous passent par les mains... Vous dont les couronnes ne servent plus qu'à orner des housses de chevaux... »

« Ne passez jamais les ponts », lui conseillait un ami, qui redoutait pour ce plébéien certaine paroisse aristocratique. Il les a passés ; il y a eu scandale. Entendre ces rudesses en face, et chez soi, en plein faubourg, à Sainte-Clotilde... On voyait des mines irritées, de jolies moues, et c'étaient, à la sortie, des protestations élégamment indignées, de fines colères, dans le bruissement des toilettes. Mais on revenait. Il ne déplaît pas, une fois par hasard, de se sentir flageller par un homme d'esprit. D'ailleurs, à ces duretés, tant de choses exquises se mêlent qui les font oublier! Non des douceurs, — ne nous y trompons pas, — mais des morceaux d'art, des délicatesses de pensée et de forme qui font dire : « Voyez donc... quand il veut! »

Il veut souvent, et c'est la complication imprévue de cette physionomie, qui d'abord apparaît toute simple avec son mordant.

Quand l'ironie le lasse, quand il se fatigue de railler les sots préjugés et les basses mœurs, alors il lui prend un besoin de repos en haut, de paix, de sérénité, et, sans artifice, spontanément, son accent s'élève, son geste s'élargit, noble, imposant, suave et grave, *soave austero*, disent les Italiens.

Un jour, sa péroraison s'allongea en une paraphrase du *Credo*, d'une assurance tranquille, d'une métaphysique doucement lumineuse. On eût dit d'une de ces fresques de la première Renaissance, où le calme des figures, l'effacement des teintes, l'or pâle des nimbes sur un ciel à peine rosé signifient l'aube commençante du jour qui ne finira pas.

Une autre fois, la vertu du souvenir, la puissance évocatrice de l'amour lui inspira un mouvement superbe : « Il est des tombes vivantes... L'amour fait les résurrections comme il fait la vie. » Ce fut sur ce thème un élan de lyrisme ample, nombreux, rythmé, sans une défaillance.

Publiera-t-il jamais ses sermons, un choix tout au moins ? Il faudrait qu'il les écrivît, car il improvise. L'idée principale notée, le plan indiqué sur la première feuille volante, il monte en chaire. Écrire d'un bout à l'autre, arranger des effets, s'échauffer artificiellement devant son bureau, il ne saurait. Et rédiger après coup, en vue de l'impression, il faudrait que cela lui fût imposé, nul talent n'étant plus oublieux de soi.

Curieux ensemble de qualités et de travers ; autrement préparé, il n'aurait pas cette vigueur, cet essor. Mais aussi que d'inégalités, de sursauts, quels heurts d'images et de mots ! « Cet amour-là, on en trouve pour quarante sous ! » s'écrie-t-il à la fin d'un morceau superbe où il vient d'exalter la pureté des affections chrétiennes au-dessus des régions troubles de la passion. Le trivial éclabousse le sublime. Vous vous sentiez ravi en plein lyrisme sacré, dans les vapeurs de l'encens ; vous voici, d'un tour de phrase, aux pires rencontres du trottoir.

Que lui manque-t-il pour être un grand orateur? Presque rien, mon Dieu. Il a la parole chaude, colorée, l'action spontanée et prenante, la passion et toutes les notes de la passion, depuis les véhémences de la colère jusqu'à l'amertume du rire vengeur ; il a le grand rythme de la pensée qui s'exprime par les larges symétries, par les ondulations balancées et la plénitude harmonique de la phrase. Il est artiste, il est poète. Enfin il a la verve, l'esprit, l'étincelle du mot. Oui, mais la maîtrise de son talent lui échappe ; il n'a point su ou point voulu le discipliner, et c'est grand dommage. Car le hasard gouverne mal l'éloquence, comme toutes choses. Livré à la fantaisie de son inspiration journalière, à l'afflux mêlé de ses idées foisonnantes, à l'invention fortuite de ses images, il oscille de

Bossuet à Bridaine. Mais toujours intéressant, toujours neuf, quelquefois exquis; et j'ai regret à formuler ces critiques contre un homme à qui je dois de vifs et fins plaisirs.

Certains jours, on se prend à lui souhaiter non pas l'orgueil, mais un brin de vanité d'auteur. Il ressemble trop à un riche dédaigneux de son bien, et qui le gâche. Sa diction même, si parfaite, a des airs de prodigalité gaspilleuse. Elle roule avec même insouciance des joyaux et des cailloux. Tel morceau, de la ciselure la plus achevée, passe confondu dans le courant trop rapide.

Mais je l'aime tel qu'il est, et peut-être, s'il s'amendait, l'aimerais-je moins. Pondéré, mesuré, il ne serait plus le P. Ollivier. Il me plaît jusqu'en ses disparates les plus violentes; ses délicatesses me charment, ses crudités m'amusent, ses hauts élans m'enlèvent, j'applaudis aux coups de main de sa vigueur plébéienne. Il parle, je ne sais où, de la fougue du sang malouin. Cette race, en effet, se montra longtemps ingouvernable, indocile aux rois de France comme aux ducs de Bretagne, rétive aussi à ses évêques. Elle a du sang de corsaires dans les veines. Le

P. Ollivier est un Surcouf qui lance ses brûlots, et je trouve à ses aventures autre chose qu'une crânerie vulgaire. Il est, qu'on le sache, de ceux qui risquent leur tête. A qui estimerait trop facile sa bravoure d'aujourd'hui, je répondrais qu'il a nargué la Commune.

M. WALDECK-ROUSSEAU

ORATEUR

M. Waldeck-Rousseau vient de rentrer dans la politique(1), et l'on dit qu'il y va tenir de nouveau les grands emplois. Je n'en veux rien savoir. Même je veux ignorer qu'il les a jadis tenus. Du moins, j'entends ne connaître de lui que l'orateur; le tribun, il est vrai, aussi bien que l'avocat, mais littérairement.

J'ai gardé dans l'oreille les toutes dernières phrases de sa plaidoirie pour M. Eiffel. Et j'essaie de les oublier. Cette façon de nous consoler de l'Alsace-Lorraine avec la tour du Champ de Mars, « aumône de gloire » à la « grande humiliée de 1870 », cela sonnait trop faux; et, comme on l'a dit au Palais, ce n'était pas du Waldeck. Il n'est pas coutumier de l'hyperbole; il se garde de l'emphase. Ou plutôt, de par son tempéra-

(1) Ce portrait a paru dans la *Quinzaine*, le 1ᵉʳ décembre 1893.

ment, elle lui est interdite. Et cette outrance accidentelle montre, une fois de plus, de quoi sont capables les hommes de glace quand, d'aventure, ils se donnent aux excès.

Le reste du discours portait d'ailleurs sa vraie marque : un art lucide et froid; une logique directe, brève, sans élan; nulle couleur de diction ni de style; une sécheresse élégante. Éloquence d'ingénieur. Personne mieux que M. Waldeck-Rousseau n'avait qualité pour défendre un constructeur de charpentes métalliques. Il bâtit un plaidoyer comme son client de ce jour-là ajuste la membrure d'un pont ou d'un viaduc. Il joint des pièces, il rive des ferrures. Est-ce bien un orateur? Oui, dans l'acception large qui comprend tous les habiles à la parole. — Non, au sens populaire du mot, dans la langue des foules, qui veulent être remuées.

Et peut-être les foules ont-elles raison. Elles s'accordent avec la vieille rhétorique pour définir l'orateur un homme de verbe abondant et cordial, entraîné, chaud, qui s'épanche en coulées violentes. Voyez Mirabeau : la plume à la main. il est tribun; ce qu'il écrit, il semble qu'il l'*agisse;* orateur dans ses *Lettres à Sophie*, ce qui peut ne pas sembler hors de propos; orateur quand il disserte sur les Salines de la Franche-Comté, sur la Caisse d'escompte...; irrité, semble-t-il, des lenteurs de l'écriture, de cette filtration goutte à goutte d'une pensée qui voudrait jaillir.

M. Waldeck-Rousseau, lui, semble, à l'inverse, un écrivain de vocation qui fait effort pour *parler* son idée, pour étendre et épandre cette idée, toute prête à se cristalliser, — nous ne disons pas à se figer, — et malgré lui, la nature prend le dessus, sa pensée se concentre, sa phrase se serre, et il parle... comme un livre.

Ministre, il harangue une société de gymnastique du même style qu'il écrit à ses préfets. Avocat, il défend l'honneur d'un homme d'État, son ami, ou l'économie domestique de M. Max Lebaudy, du même ton qu'il discute l'administration de la Société des métaux. Imaginez Gambetta plaidant à sa place l'affaire Burdeau-Drumont. Que n'y fera-t-il pas entrer? Politique, religion, question sociale. Et ce sera impétueux et désordonné, débordant comme d'un cratère; du pathos fumeux, du pêle-mêle, mais puissant. Lui, dans la langue la plus exacte, il développe devant le jury une dissertation sur la Banque de France, très solide, j'en conviens, et de la doctrine la plus sûre, — aussi sûre que sa syntaxe. On voudrait la lui voir violer une fois, cette syntaxe, ou dire une sottise.

Du talent, certes, il y en a dans cette justesse, cette sobriété. On se plaît à ces brèves formules où l'idée se verse comme en un récipient de contenance stricte. Et si, par instants, on se lasse de cette précision tendue, on l'estime pourtant qualité d'ordre supérieur, psychologique plus encore que littéraire. D'autant qu'elle se rencontre plus rarement chez les hommes de parole journalière et improvisée. A qui pense vite par profession et livre sur-le-champ sa pensée, sans l'écrire, l'habitude vient trop souvent d'une forme trop ample, avec des vides sonores. Une extrême sévérité d'esprit sauve seule de cet excès, une rigueur native, constitutionnelle en quelque sorte, qui jamais ne se relâche. Voilà donc qui est peu commun et classe de suite un homme au-dessus des parleurs secondaires.

Mais il faut quelque chose de plus à l'éloquence, et ce quelque chose, c'est le sentiment. Non le pathétique d'école, voulu, artificiel, mais celui qui jaillit des faits. Toute situation a son mot, et quelquefois ce mot est un cri.

L'orateur doit savoir le jeter, — le savoir et le pouvoir. Si cette puissance lui manque, la prise maîtresse lui échappe.

« Je n'ai pas l'indignation facile », a dit un jour M. Waldeck-Rousseau. Généralisons : il n'a pas l'émotion facile. Et c'est chez lui faiblesse plus qu'il ne croit.

Ne point sentir trop vivement, ne jamais perdre la maîtrise de soi, garder sa raison nette dans la griserie ambiante, voilà une force. Mais ignorer la passion, y rester fermé quoi qu'il advienne, en tout ne voir que matière à dialectique, cela s'appelle infirmité. Surtout quand on fait profession de conduire les hommes. Si habile soit-on, et si armé de logique, l'assaut des volontés ne se mène pas comme une opération géométrique ou une partie d'échecs.

J'ai ouï dire que l'ex-ministre de l'intérieur méprisait quelque peu les remueurs de masses. Elles se prennent à de si grossiers engins, et les fils sont si apparents par lesquels on les meut! Populaire, il dédaigna de l'être jusque dans le milieu immédiat où le plaçaient ses fonctions; isolé même au pouvoir; incapable des petites souplesses, des familiarités de couloir, répugnant à la poignée de main facile. On subissait la supériorité de sa froide parole; on l'applaudissait sans frénésie, discrètement, comme chose rare, sans se lier au ministre, ni au collègue, ni à l'homme.

A défaut de la sensibilité proprement dite, a-t-il du moins l'autre, celle qu'on pourrait nommer passion spirituelle, ferveur d'intelligence, enthousiasme de philosophe ou de savant? Amour de tête, mais encore de l'amour. Des mathématiciens ont connu cette ivresse, des dilettantes jamais. Et j'ai peur que M. Waldeck-Rousseau n'en soit un. Nullement épris des idées, il les touche, semble-t-il, en délicat sceptique, les assemble, les pousse, se joue à leurs combinaisons comme à un jeu de précision supérieure. Leur destinée ne l'agite ni ne l'inquiète; tout au moins n'en laisse-t-il rien paraître. Regardez-le pendant les discours de ses contradicteurs, moment propice pour observer un homme. On saisit les inconscients symptômes de l'humeur, les préparatifs de la riposte. Les violents, comme Lachaud, s'exclament; les modérés dénient d'un geste; — Allou se contentait d'un mouvement d'épaule; — les plus froids s'oublient à un froncement de sourcil. Chez M. Waldeck-Rousseau, rien. L'argumentation la plus destructive de sa thèse, il l'écoute comme chose étrangère. A peine, de temps à autre, tourne-t-il vers son adversaire un œil tranquille, un œil lent, « *occhi tardi* », écrivait Dante.

Donc point d'effusion oratoire, nulle passion même intellectuelle. Un talent sans cordialité, un esprit qui n'a pas la faculté de s'éprendre.

Autre chose lui manque : l'imagination, la couleur. Il ne voit pas de la vue grossissante du poëte, qui amplifie, enlumine le réel. Indispensable encore pour agir sur les foules. Elles s'entraînent par l'hyperbole, l'énormité des tableaux largement brossés, avec des reliefs audacieux et des coups de lumière aveuglante. M. Waldeck-Rousseau dessine juste et sec, il trace avec décision des lignes fermes, nettes, sans modelé ; levés de plans exacts ; épures correctes, anguleuses comme des découpures. Et, faute de pinceau, il n'use pas même de l'estompe.

Breton, comme Renan, mais sans le signe de race, il n'a pas du vrai Celte les flottements de pensée, le rêve ondoyant qui baigne le contour des choses, l'amollit, y jette une vapeur mobile ; ce qui est encore une manière de les colorer.

Artiste pourtant, les délicats ne s'y sont pas trompés. Il a fait école au Palais. L'élite du barreau s'est plu à cette éloquence précise et positive, de démonstration nue et de strictes formules. C'est que ce style, qui ne vise qu'à l'équivalence, atteint parfois, — peut-être par là même, — à une sorte de beauté. Cette langue si rigoureuse est celle d'un lettré de race ; il se devine au choix de l'épithète, à l'association des mots, à la structure de la phrase. Ses aridités élégantes ressemblent à une maigreur nerveuse de pur sang.

Sans compter que l'esprit ne dédaigne pas toujours de se glisser parmi ces sécheresses. A peine, il est vrai, détend-il la tenue rigide de l'orateur ; badinage rare, de fine essence, flegmatique, qui tout juste dérange les commissures de la bouche, et prend je ne sais quoi d'altier à l'immobilité du masque. « A Panama, un ouvrier charpentier se paye 25 francs par jour ; ce qui représente, messieurs, le traitement d'un député, s'il est permis de comparer à un salaire journalier l'indemnité de mandataires qui, dans l'accomplissement de leurs fonctions, ne cherchent autre chose que la satisfaction du devoir rempli. » Voilà bien une pointe aux hommes d'État concussionnaires. Oui, mais cela fut prononcé comme le reste. Et je me rappelle quel contraste ce fut entre ce court persiflage et la jovialité abondante de Me Martini qui venait de s'asseoir. Je revois aussi la ronde face de l'avocat de M. Cottu, avec son œil tout brillant de malice, et son large rictus. Combien différente du profil mince qui sortait du faux-col de M. Waldeck-Rousseau, aussi raide lui-même et amidonné que ce linge irréprochable !

Cela ne gâte pas toujours, j'en conviens, la qualité de son ironie. Certaine raillerie froide veut être dite de cet air et de ce ton. En ce genre, je n'ai rien entendu de plus achevé que son discours à la Chambre, le 15 janvier 1888, sur le logement du préfet de la Seine. Rien, par malheur, ne se peut détacher de ce texte serré. Qu'on le relise. Si peu qu'on s'intéresse au personnage administratif qui en fait le sujet, et à son « lieu de relégation », on goûtera, après sept ans écoulés, cette page hautaine.

Une remarque :
Où est la péroraison ? — Il n'y en a pas. — Pardon, deux lignes que voici : « Tenez, c'est par là que je termine, les lois ne vieillissent pas ;

elles ne s'affaiblissent qu'autant que s'affaiblit la main qui est chargée de les défendre. » M. Waldeck-Rousseau en a fait de moins longues; celle-ci, par exemple, entendue à la barre : « Là-dessus, il n'y a plus qu'à mettre un point et à s'asseoir. » Nous voici loin, n'est-ce pas? de la péroraison traditionnelle, ce morceau d'étendue et d'éclat, cet air de bravoure qu'on pressent, qui s'annonce de loin. Au lieu de cet apparat, un bref rappel de l'argumentation, parfois un simple trait; toujours des arrêts brusques, des finales à la Chopin.

De même pour l'exorde. Nulle trace le plus souvent du monumental perron classique par où l'on accédait au discours. Point de marches ni de rampes à balustres. Nous entrons de plain-pied *in medias res :* « Messieurs, je voudrais poser une question à M. le rapporteur sur le sens des dispositions finales de l'article 7... » — « Messieurs, si ma tâche avait pu se réduire à montrer l'inanité de l'accusation, elle aurait été promptement accomplie... M. l'avocat général a pris pour constants et démontrés les faits dont il devait la preuve. » Et, de suite, de la discussion.

M. Waldeck-Rousseau avoue volontiers son

aversion pour la rhétorique copieuse. Il la déclarait un jour, dans la salle des Pas perdus, lors d'un grand procès où d'autres avaient abusé peut-être du développement oratoire : « Oh ! moi, ce sera très simple ; je n'aime pas les *morceaux.* » Il y a de la désinvolture dans ce mépris des vieilles recettes. Il y a mieux, une manière d'austérité, dans cette mise en interdit de l'imagination et du cœur, dans ce constant appel à la pure logique.

Il en résulte, en tout cas, une éloquence d'espèce nouvelle, prompte, raccourcie pour ainsi dire, et dépouillée, qui, dans la bouche de M. Waldeck-Rousseau, semble abrégée encore et comme serrée par la brièveté du timbre. Incomplète et pauvre, disons-le, seulement propre aux discussions d'affaires, son insuffisance apparaît pour peu que soient en jeu les intérêts moraux.

A la vérité, l'ancien collègue de Gambetta ne l'a pas seul inaugurée. Mais il la personnifie mieux qu'aucun autre. Exemplaire choisi d'une génération nourrie d'Auguste Comte, sa rhétorique exprime une philosophie. Le positivisme ambiant s'y condense.

UN MOT SUR MICHELET

A PROPOS D'UN RECUEIL DE « PAGES CHOISIES »
PAR M. SEIGNOBOS

Michelet est-il un maitre de style qui se puisse sans inconvénient proposer à la jeunesse? Son œuvre, même « en pages choisies », a-t-elle une place indiquée dans une publication qui veut mettre entre les mains des adolescents de sûrs « modèles de la langue » ? Cette prose de brusqueries et de saccades, forcenée et haletante, qui se tord, se convulse, a-t-elle bien les qualités d'une prose « classique », j'entends qu'on doive offrir sans scrupule aux rhétoriciens, en leur disant : « Voici comme il faut écrire » ? J'ai peur que non.

Ne croyez pas que je méconnaisse le grand poète de l'*Histoire de France*. Je sens, je subis son charme, encore que je me débatte. Je ne sais pas résister à ses violences, ses colères me gagnent, même parfois ses injustes et mauvaises colères, et il me faut du temps pour me ressaisir. Il a, comme Jules de Goncourt le lui écrivait, « des phrases de lumière, des pages de soleil », d'un soleil qui brûle. C'est un magicien. Ah! s'il pouvait enseigner à nos collégiens le secret de ses sortilèges!... Mais non; ils imiteront les défauts séduisants de l'artiste brillant et mêlé. Ils copieront ses inversions déconcertantes, sa syntaxe hasardée. Dans ses belles flambées, à côté du pur jet de flamme, ils ramasseront la paille fumeuse.

Ne courront-ils pas d'autres risques? Avec Michelet, on ne marche pas sur cette solide chaussée, bien cimentée, dont parle Sainte-Beuve. On rencontre des fondrières et des précipices. Il y a les erreurs de son imagination, celles de sa passion. M. Monod, qui l'aime, avoue qu'il faut toujours le contrôler, le rectifier, et très souvent le contredire. Il sait voir admirablement, et il sait merveilleusement se boucher les yeux. Un critique, homme d'esprit, énumérant les articles de son *Credo,* horreur des rois, prêtrophobie, croyance en l'infaillibilité du peuple... le quali-

fiait de « garde national des *trois glorieuses* (1) ».
Il a la philosophie d'un « bourgeois libéral de
1840 ». Voilà des œillères étroitement serrées. Dans ce recueil qui est une sélection,
M. Seignobos n'a inséré que les morceaux les
plus *neutres*. Je crains pourtant qu'il ne reste çà
et là une note, un ton qui ne soit pas celui de la
pure vérité.

A côté des injustices de la passion, il y a,
chez Michelet, les méprises de la candeur. Jusque dans l'extrême vieillesse, il avait gardé une
âme d'enfant. Il y paraît à quelques-unes des
idées soutenues dans *Nos fils*, qu'il publia à
soixante et onze ans. Il croyait fermement à la
bonté native de l'homme; toute sa pédagogie est
fondée sur ce principe. Aussi ne vise-t-elle pas
à réprimer ni à châtier, mais seulement à favoriser l'épanouissement naturel de l'être spirituel
et physique. Rien n'est naïvement éloquent
comme la page extraite de ce livre par M. Seignobos sur « l'éducation par les fêtes ». Michelet regrette la vie antique, particulièrement la
vie grecque, « si terrible d'action, de lutte, de

(1) M. Émile Faguet, *Études littéraires sur le dix-neuvième
siècle*.

péril, de guerres », mais qui eut cela d'admirable et qui compensait tout : elle était une fête... Cela reviendra-t-il? Nulle raison d'en douter. L'éducation de l'homme se fera par les fêtes encore. Le grand rêveur y compte. Si, hélas! le pont du Rhin n'avait cessé d'être indivis entre nos voisins et nous, nous ririons de l'effet moral qu'il attendait (en 1869) d'un concert donné sur ses arches par « mille exécutants français et allemands ».

Est-ce à sa candeur aussi qu'il faut rapporter les audaces singulières de l'*Amour* et de la *Femme*, encore deux œuvres de sa vieillesse? Livres exquis par endroits, que déparent, salissent, des curiosités physiologiques hors de propos, des crudités inouïes. Tout est pur pour les purs, disent ceux qui s'efforcent d'excuser ces... indiscrétions. Sans doute, et nous voulons croire à ce que ces bienveillantes gens nomment de l'inconscience. Pourtant, avant même que parussent la *Femme* et l'*Amour*, Sainte-Beuve avait aperçu, chez l'auteur de l'*Histoire de France*, comme « une folle vigne » toujours prête à grimper. Il remarquait en lui trop de goût pour les anecdotes d'alcôve, trop de friandise de la

« bagatelle ». Il se demandait comment concilier ces folâtreries d'imagination avec tant de graves et hauts accents.

Inutile de dire que le recueil dont nous parlons ne contient rien de ces scabreuses choses. Nous regrettons seulement que la préface de M. Seignobos signale, sans réserve aucune, aux tout jeunes gens ses lecteurs l'*Amour*, la *Femme*, *Nos fils*, « cette belle trilogie qui est à la fois un poème de mutuelle tendresse et un traité d'éducation ».

Ce qu'on retrouve dans ce volume avec un plaisir sans arrière-pensée, ce sont des morceaux, lus déjà et relus, de la *Montagne*, l'*Oiseau*, la *Mer*, l'*Amphithéâtre des forêts*, l'*Engadine*, l'*Alouette*, la *Méduse*... Michelet naturaliste enchante. Non qu'il inspire une confiance sans limite. On sait tout ce qu'il y a de douteux dans cette science accommodée au sentiment poétique et à la religiosité fausse de l'artiste. Mais quel sens de la vie, quelle oreille attentive à toutes ses pulsations, où qu'elle palpite, dans des artères d'animaux ou dans des vaisseaux de plantes!... Et, parmi les êtres, quelle prédilection touchante pour les humbles, quelle tendresse pour ces « enfants...

dont une fée mauvaise empêcha le développement, qui n'ont pu débrouiller le premier songe du berceau, peut-être des âmes punies, humiliées, sur qui pèse une fatalité passagère » !

Il se tourna, raconte-t-il, du côté de la nature pour se reposer de la dure, de la sauvage histoire de l'homme. Ce lui fut, en effet, un apaisement et un rafraîchissement. Mais pourquoi aussi l'avait-il tant passionnée et enfiévrée, cette histoire?

A PROPOS DU BUSTE
DE
JULES TELLIER

Où le mettra-t-on, ce buste? Sur une place publique? Tellier dirait : Cela est vain et stérile. Que des foules croisent distraitement, à l'angle d'une rue, la figure d'un poète qu'elles ne connurent point et ne liront jamais, qu'importe? Où je le voudrais, ce masque de jeune homme douloureusement pensif, où lui-même eût choisi sa place s'il eût prévu que le marbre ou le bronze fixerait, un jour, le tourment de ses traits, c'est dans cette bibliothèque du Havre où il lisait à la fenêtre, « en regardant, sur la mer verte ou grise, les voiles brunes des bateaux de pêche (1) ». C'est dans ces asiles d'étude et de rêverie qu'il souhaitait que l'on mît les portraits des écrivains,

---

(1) Voir la préface des *Reliques* de Jules Tellier, par Paul Guigou.

afin que les lettrés pussent penser longuement devant l'image du poète en lisant le poème, ce qui « serait utile et fécond ».

Combien de fois y vint-il asseoir sa songerie studieuse?... Par un prestige singulier d'imagination, il trouvait là, entre les rayons chargés de volumes, ce que d'autres vont chercher aux champs. Nulle part il ne sentait mieux « la puissance et la bonté du printemps ». Une bouffée d'air tiède par une croisée entr'ouverte, un rayon de soleil filtré sur un livre, lui donnaient des visions de prés et de bois. Il croyait entendre expirer à la porte les bruits de la nature en travail. Il lui semblait que cette « prodigieuse force extérieure qui veut la vie » donnait l'assaut à cette nécropole qu'est toute bibliothèque. Et à cause de cela même, il y était « plus conscient de cette force divine que partout ailleurs ».

Oui, c'est là que je voudrais le voir revivre; il y a tant joui!... Je me figure que l'éclat, trop dur parfois, de son regard s'y adoucirait, que sa bouche y sourirait à jamais de ce sourire très bon qui la détendait aux minutes heureuses.

Et pourtant c'est là qu'il prit son mal, le mal d'avoir trop tôt « inventé la vie ». Il lut trop de livres et fit trop de rêves. Adolescent, il dévorait les poètes, tous les poètes, les français, depuis les symbolistes jusqu'aux trouvères, les grecs, les latins, depuis Ennius, dit quelqu'un qui le connut, jusqu'à Claudien et jusqu'à Rutilius Numantianus, avec un goût pour les raffinements maladifs et les corruptions savantes. Aussi n'eut-il point, à vrai dire, de jeunesse de cœur : « A l'âge où d'autres commencent à songer à leur cousine, il se trouva que j'avais tant rêvé, que le rêve avait comme usé mon âme. Si bien que le jour où je pus enfin posséder les objets souhaités, je n'en jouissais plus, ayant épuisé à l'avance, en les rêvant, tous les plaisirs qu'ils m'auraient pu donner ». Cette « bien-aimée », peut-être imaginaire, à qui il adresse des paroles de dureté si étrange et de tendresse si osée, le définit bien, son mal : « Ce dont vous souffrez, c'est de ne pas voir les choses », ou de les trop voir à travers les livres. Les livres lui décolorèrent le monde, — celui-ci et l'autre. N'est-ce pas lui-même ce Tristan Noël dont il nous confie les « heures de pensées » et qui fait profession d'athéisme ? M. Paul Guigou, l'auteur de la belle préface de ses *Reliques*, raconte que sa foi s'éteignit « au souffle de la science moderne ». Le ciel de l'astronomie lui parut « avoir englouti les cieux promis par Jésus ». Pauvre science! faut-il lui imputer les désespoirs d'un rhéteur ennuyé, comme lui-même se nommait?

Ayant fait dans son âme ce vide désolé, il aspira au néant. Et comme la mort était cela pour lui, il se prit à l'aimer d'amour, à la désirer, à l'appeler comme une maîtresse. Et, sur ses lèvres de poète, cet appel fut, un jour, un hymne superbe :

. . . .
>O Mort, qui fais qu'on vit sans but et qu'on est las,
>Et qu'on rejette au loin la coupe non goûtée,
>Mort qu'on maudit d'abord et dont on ne veut pas,
>Mais qu'on appelle enfin quand on t'a méditée.

. . . .
>O très bonne aux vaincus et très bonne aux vainqueurs,
>Qui sur leurs fronts à tous baises leur cicatrice;
>O des douleurs des corps et de celles des cœurs
>La sûre guérisseuse et la consolatrice !
>Puisque tant de ferveur pour toi s'élève en lui,
>Qu'il veut te préférer à tout, même à l'Aimée,
>Sois clémente à l'enfant qui t'invoque aujourd'hui,
>Bien qu'il t'ait méconnue et qu'il t'ait blasphémée.

. . . .

On assure qu'il regretta comme impie ce cri échappé à sa souffrance. Il en craignit, pour une personne chère, la « vertu d'obsécration ». Cependant ceux qui le virent de près s'accordent à dire combien souvent dans ses conversations s'affirmait ce culte de la mort. Et ces *Reli-*

ques, qui sont à peu près tout ce que l'écriture a sauvé de sa pensée, ces *Reliques*, où revient tant de fois le souhait du grand sommeil, ne s'encadrent-elles pas, à chaque page, comme d'une bordure de deuil?

On eût pris parfois la torpeur profonde de son ennui pour un volontaire prélude au repos suprême. Puis, subitement, il redevenait « l'enfant fiévreux », impatient de l'immobilité, avide d'espace. Et il voyageait avec passion. Trop rares accès, puisque nous leur devons des chefs-d'œuvre. Lisez ce journal de route, *De Toulouse à Girone,* si alerte et si vif d'allures, avec des échappées de « joie païenne », des croquis enlevés, des vues d'histoire à la portière d'un express, et aussi, çà et là, de graves et lentes évocations, des retours de rêve, des tristesses éloquentes, et la pensée de la mort pour finir. Lisez surtout ce *Nocturne* tant de fois cité : « Nous quittâmes la Gaule sur un vaisseau qui partait de Massilia, un soir d'automne, à la tombée de la nuit.

« Et cette nuit-là et la suivante, je restai seul sur le pont, tantôt écoutant gémir le vent sur la mer et songeant à des regrets, et tantôt aussi contemplant les flots nocturnes et me perdant en d'autres rêves.

« Car c'est la mer sacrée, la mer mystérieuse où, il y a trente siècles, le subtil et malheureux Ulysse agita ses longues erreurs... »

J'ai regret à couper cette prose. Il faudrait reproduire en entier un morceau où tout se tient d'une harmonie si pleine. Ne trouvez-vous pas à cet amateur de décadence le grand rythme des classiques? Je ne sais si je m'abuse. Mais telles de ses pages me semblent de celles qui ne périssent pas. Je les vois marquées d'avance pour les anthologies. Un jour, j'imagine, on les fera apprendre aux enfants pour leur mettre dans l'oreille le son et la cadence de la phrase française.

Va-t-on mobiliser un ministre pour célébrer cet immortel, à qui peut-être le fauteuil des immortels n'eût point été offert? Dirai-je que j'en ai peur? Non, M. Poincaré — ce serait lui sans doute — vient de nous révéler, sous les verdures du Luxembourg, un personnage officiel doublé d'un élégant parleur et singulièrement délicat (1). Mais, sans être bien loin, le Havre est

---

(1) M. Poincaré, alors ministre de l'instruction publique, avait, quelques jours auparavant, présidé à l'inauguration du monument de Henri Murger, au jardin du Luxembourg.

tout de même trop « hors Paris ». Et puis, il ne s'agit que d'un buste.

Que l'inauguration en soit simple ; qu'on l'enguirlande de fleurs de demi-deuil, en tresses fines. Surtout, répétons-le, qu'on ne le mette pas en pleine rue. Ce serait presque offenser le mort, qui demandait qu'on laissât les places publiques aux statues des politiciens.

BIBLIOTHÈQUE

DE CAMPAGNE

Il fait bon chasser en Sologne à l'arrière-saison. Mais la fraîcheur vient vite le soir, et il monte des étangs une buée fine qui pénètre. Et gare la fièvre !

Nous avions relevé des perdreaux dans une bruyère ; il était cinq heures passées. Déjà les bois se trempaient de brouillard, et l'humidité perlait sur nos fusils. — Gare la fièvre ! fit mon compagnon, vieux Solognot.

Nous retournâmes.

Il venait d'hériter, près de Romorantin, de quelques centaines d'hectares et d'une bicoque. Il me donnait à dîner et à coucher dans l'unique coin habitable, la bibliothèque.

— Avez-vous connu ma tante ? me demandat-il en jetant une *bourrée* dans le feu... ma tante, qui habitait cette maison ?

—Non.

— Tant pis pour vous !... Tante Virginie, Mam'selle Virginie, comme on l'appelait dans le pays, où tout le monde distinguait au son la ferraille de sa calèche.

Et il me conta l'histoire d'une petite vieille jamais triste, et vive, et spirituelle, point trop prude, romanesque en son temps et qui s'en souvenait, avec d'amusants réveils d'imagination et de cœur ; — une vieille fille dix-huitième siècle.

C'est qu'elle le connaissait, ce siècle. Son père, féru de lettres et de philosophie, entêté du *Contrat social,* y avait vécu en plein. Elle avait appris à lire dans les *Entretiens sur la pluralité des mondes.* Elle savait par cœur les *Jardins* de l'abbé Delille, *Gil Blas* et, disait-elle, « cette pauvre Manon ». Et toujours elle relisait.

Aussi aimait-elle sa bibliothèque plus que tout. Ailleurs, les plafonds pouvaient se craqueler, les plâtras poudrer le sol ; elle n'y prenait garde. Mais ses livres, les livres de son père, il fallait qu'ils fussent bien logés. Ce n'était que politesse. Songez que M. de Fontenelle n'avait pas coutume de dormir dans des galetas.

Tout est de style dans cette pièce. Les trumeaux des portes, avec leurs jeux d'amour, glissant en un pêle-mêle qui ressemble à une pluie de fleurs; — le panneau de la cheminée, où un chasseur en habit broché, proche parent de ceux de Desportes, se repose à l'ombre d'un arbre, le fusil à terre, tandis que s'allonge entre ses jambes le col mince d'un lévrier; — les courbes des boiseries *blanc des Carmes*, les moulures chantournées où courent des filets d'or; — les sièges aux formes embrassantes, la petite servante d'acajou rehaussé de bronze où l'on vient de poser le flambeau à branches torses, enfin toutes les bagatelles meublantes.

Et un peuple d'estampes vit et se trémousse sur les murs. Petits seigneurs, la taille pincée, les basques épanouies, l'épée battant le mollet, campés en une cambrure victorieuse ou pliés par un salut; — figurines de femmes dans le chiffonnage, le *papillotage*, l'infinie diversité des manèges et des pièges de la coquetterie; à la promenade, le fichu mutin presque envolé; au bal, dans le rayonnement du décolleté et l'entrelacement du menuet; — monde de grâces compliquées et d'afféterie exquise, allant, venant, dansant, avec des révérences où se froissent les paniers et un petit nuage de poudre qui flotte comme les effluves de l'élégance; — monde des Saint-Aubin, de Debucourt, de Moreau le Jeune... Seul un Edelinck fait disparate, *Jean-Baptiste Santeuil, chanoine régulier de l'abbaye de Saint-Victor.* Pauvre Santeuil! le gai convive, il a l'air presque morose, coudoyé par cette foule pimpante.

Mon ami vient de tirer une tenture et me montre les livres étagés sur des rayons :

— Un pot-pourri, me dit-il... Mon grand-père ne se piquait pas de méthode; sa lecture était décousue; vous allez voir. Il absorbait beaucoup et de tout.

De fait, rien de plus bigarré que cet amas de volumes où il y a de la science et de la galanterie, de la philosophie, du jardinage, de la religion, du droit, des recettes de préparations au blanc de Candie ou au santal rouge, pour les joues.

Il en est d'intéressants par leur aspect. Quelques-uns, d'une grossière reliure en veau, sont fatigués. Leurs nervures aplaties, les égratignures de leurs plats où affleure la bourre du carton, racontent des promenades, des voyages au fond d'un sac ou d'une poche.

De minuscules *Géorgiques*, — traduction de l'abbé Delille, — sont attaquées de moisissure. En quelle rencontre la *Marianne* de Marivaux s'est-elle ainsi trempée jusqu'à mi-corps? Voici un Rousseau qui a son histoire. La *Nouvelle Héloïse* a été à Valmy dans une fonte de selle.

Tout près, la pourpre d'un maroquin m'attire. Le temps a terni son éclat sanguin et éteint l'or de ses dentelles. Il en est plus beau; et combien doux au toucher, souple, moelleusement écrasé et poli! Le relief fin de ses nerfs lui fait au dos une ossature délicate; les gaufrures de ses plats dessinent des enchevêtrements de fleurons d'où pendent des lyres et des pipeaux. C'est Dorat, — les *Baisers*, — illustré par Eisen; Dorat qui s'est bien *sauvé*, comme on l'a dit, de *planche en planche;* car où serait le livre sans la vignette?

— Et ça, devinez ce que c'est? fit mon hôte, me mettant à la main un maroquin vert aux arêtes aiguës, tout uni, sans ornement qu'un filet de bordure bien poussé...

Des mathématiques, grand Dieu! la *Géométrie théorique et pratique* de Sébastien Leclerc, égayée, il est vrai, par Cochin, de gambades d'amours chevauchant des compas.

Suit une *Histoire de Maurice, comte de Saxe, maréchal général des camps et armées de Sa Majesté Très Chrétienne* (Dresde, 1770), avec ce quatrain dont nous scandons le lyrisme :

> Le voilà, ce saxon qui méprisa la vie
> Jusqu'au point d'affronter la plus certaine mort.
> Et si la Parque enfin a su finir son sort,
> Sa mémoire à jamais saura braver l'envie.

Puis un traité *De la juridiction volontaire et contentieuse des officiaux et autres juges d'Église.*

— Du contraste... Tenez, la *Philosophie des vapeurs !*

Je prends la mince plaquette.

Il n'y a certes pas à rire. C'est la maladie du siècle, assez grave pour que charlatans et médecins s'en occupent. Voici un *Traité des affections vaporeuses des deux sexes* (Paris, 1782). Cela se guérit avec de l'eau de veau, du petit-lait, des décoctions de foin..., et demandez au garde-française Printemps si l'on gagne de l'argent à inventer des spécifiques. Les causes du mal, ah ! elles sont multiples : le *corps de baleine* où l'on emprisonne les filles à peine sevrées, les parfums, le blanc, le rouge, les soupers, les romans...

Les mièvreries continuent avec les *Chiffons*, par Mlle Javotte, la *Vie à la Pompadour* (la Haye) *revue par un véritable Hollandais*, les *Mémoires pour servir à l'histoire du bon ton et de l'extrêmement bonne compagnie*, au Palais-Royal, chez la petite Lolo, marchande de galanteries à la Frivolité, 1762.

Les *Lettres de deux amants*, habitants d'une petite ville au pied des Alpes (Amsterdam, 1761), font minauder sous nos yeux les fluettes poupées de Gravelot. Et nous revoilà dans la vignette.

— Voyez-vous, nos pères du siècle dernier n'avaient pas beaucoup de cervelle.

— Non, répondis-je, pas beaucoup plus que le nœud de leur perruque.

— Du marivaudage en tout... dans les mœurs, dans les lettres, dans l'art... un art d'éventails et de boîtes à mouches; du piquant, du fugitif, des sourires d'art. Et partout le caprice. Tenez, la décoration est l'image du reste. Rien ne s'y tient. Point de lignes qui se continuent; des entrelacs qui à peine se soudent, des guirlandes attachées d'une faveur, des grappes d'amour qui s'égrènent...

Mais comment les *Provinciales* se sont-elles égarées en cette compagnie frivole ? *Pouvoir prochain, grâce suffisante*, que vous occupez peu ce monde de franfreluches ! Et comme on se passe bien ici des dispenses du Père Bauni !... Pascal, quel hasard impertinent a fourvoyé votre jansénisme parmi ces œillades ? Vous qui connûtes si bien « les passions de l'amour » et les décrivîtes en leurs profondeurs, que vous semble de ce badinage ?

Et savez-vous ce que cache l'épaisseur de vos tomes ? Derrière vous, contre le mur, se blottit une demi-douzaine de *Cazins*.

Des *Cazins*, le nom même vous en est inconnu. De votre temps, les femmes allaient *en* Bourdaloue ; ce qui n'était pas indice de légèreté, encore que Bourdaloue fût Jésuite. Quelques-unes, sans doute, osaient des lectures hardies, même l'honnête marquise qui écrivait à sa fille de si fines pages, et si justes, et si fortes, sur vous, Montalte. Mais l'indécence ne s'étalait pas encore sur les toilettes et les chiffonnières, avec l'audace du *joli*. Surtout elle était rare encore la gravelure portative, aux dimensions de la poche mignonne.

Et puis, les tailles solennelles de vos graveurs,

à l'aise, en leurs fières allures, dans l'espace de l'in-octavo ou de l'in-quarto, se fussent mal prétées aux lascives souplesses qui s'arrondissent au frontispice d'un in-24. Vous n'avez pas eu votre Marillier.

Des *Cazins*, c'est la licence en miniature, la complicité du petit livre polisson et de l'eau-forte — eau du diable, a-t-on dit, — qui mord sur le cuivre, dans le champ d'un écu, les friponneries de la luxure à Lilliput.

Un vilain Chateaubriand touche ces élégances perverses. Les *Martyrs*, le *Génie du christianisme*,... habillés d'une basane commune, gardent pourtant un air respectable et un peu hautain à côté de ces petites choses coquines.

Un lourd voisin, à demi renversé, s'appuie sur *Atala*. C'est un Louis-Aimé Martin qui enseigne « à Sophie » la physique, la chimie et l'histoire naturelle. Le volume s'ouvre par une gravure où un homme botté, le manteau flottant, debout sur un bateau à demi submergé, défie la tempête de son bras tendu. Le titre du livre n'explique ni la tempête, ni le bateau, ni les bottes. Il n'a pas plus de rapport avec les vers de Schiller traduits au bas de l'estampe.

« Alors, si l'ouragan soulevait les vagues

écumantes, un délire inexprimable s'emparait de mon âme... »

Mon Dieu! quelle extravagance fut le romantisme, et que nous sommes gens rassis, à côté de nos pères!

Il est tard. La longue soirée de novembre a passé vite. Nous nous couchons et, tout près de mon lit dressé là comme un campement, j'avise un Voltaire en vingt-cinq volumes, où je cherche la *Henriade*, pour m'endormir. Mais, ô surprise! la reliure est vide de ses cahiers; il ne me vient à la main que des armatures de carton.

Sous ses vives allures, tante Virginie était dévote.

Elle a expurgé ses rayons pour ses neveux. Pas avec une rigueur extrême. Elle a fait merci à la littérature galante; les nudités gamines ne l'ont point effarouchée; aux petits *Cazins* tapis à l'ombre de Pascal, elle n'a pas vu malice. Mais ce Voltaire, insolent par sa taille, elle l'a sorti de sa coquille et brûlé.

Je me console en feuilletant l'*Émile*. Je suis par les champs, « tantôt piquant des deux, tantôt marchant à petits pas », le précepteur et son élève. « Égarés dans des vallons, dans des montagnes », un hasard intelligent les fait héberger par les parents de Sophie. Émile aime Sophie; Sophie aime Émile. Ils se promènent, ils échangent des tirades, ils font de la menuiserie. Émile achève une mortaise, Sophie pousse sur une planche un rabot qui ne mord pas; doux passe-temps.

Mais peu à peu ma paupière s'alourdit. « Innocence », « vertu », « sensibilité », papillotent devant mes yeux. La scène de la course se brouille, et, par un anachronisme, je vois les fiancés filer en bicyclette. Puis tout change. Plus d'Émile ni de Sophie. A leur place, une petite vieille m'apparait, alerte encore et sémillante, qui vient à moi et dont j'entends s'approcher le pas trotte-menu. Et elle me parle, et elle me dit d'exquises choses; comment jadis on faisait l'amour, et que, tout comme d'autres, elle fut jolie.

Je voulus lui toucher un mot de Voltaire. Elle me répondit par une romance vieillotte et gentille, fredonnée d'une voix sans timbre.

Quand je m'éveillai, je crus sentir un parfum de bergamote.

PÈLERINAGE

A TREGUIER

J'avais voulu faire à pied le chemin de Lannion à Tréguier. Dix-sept ou dix-huit kilomètres assez monotones, tout droits, sans beauté d'horizon, avec l'uniformité des hauts talus d'ajoncs et de bruyères qui bordent les routes de Bretagne. Combien je regrettais la jolie courbe des sentiers que j'avais suivis, la veille, à travers prés ! Mais j'avais sous le bras un livre charmant. *Au pays des Pardons*, le connaissez-vous, ce volume qui porte sur sa couverture un paysan du Faouet en costume, veste blanche et gilet noir galonnés de velours ? Il le faut lire là-bas, dans sa terre natale, comme il faut manger certains fruits à l'arbre même. Pourtant, où qu'il vous tombe sous la main, ouvrez-le. Jusqu'en ce Paris, vous retrouverez entre ses feuilles la fine essence de parfums sauvages, les senteurs saines de la lande.

Sous prétexte de nous initier à quelques particularités de la vie religieuse armoricaine, c'est tout le caractère de ses compatriotes que nous décrit M. Le Braz, et non seulement l'âme bretonne, mais le pays breton. Car il a composé son livre, on peut dire, par les chemins. Il a coupé le rameau de coudrier dont on fait la baguette blanche du pèlerin; il est descendu dans les oratoires champêtres à demi souterrains qui, en juillet, émergent à peine des épis; il s'est penché sur les fontaines miraculeuses qu'on voit sourdre dans l'herbe des prés; il a suivi surtout les grandes « assemblées » où s'agenouille la Bretagne entière, à Rumengol, à Locronan, à Sainte-Anne de la Palude, à Tréguier... En route, il s'est enquis des traditions, il a noté le trait naïf de la croyance populaire, interrogeant les vieilles femmes, les mendiants, se glissant même dans la familiarité des bardes, ou bien poussant l'étape avec le petit soldat qui se déchausse sur le rebord de la douve et relève son pantalon rouge pour aller en pénitent au « Pardons des chanteurs ». Et comme il sait voir et peindre aussi bien qu'écouter, il se trouve que des paysages et des portraits illustrent à chaque page ses récits. De sorte qu'*Au pays des pardons* est un album autant qu'un livre de légende et d'histoire.

La fraîche figure que ce conscrit de Saint-Riwal, petit pâtre chanteur de cantiques, qui nous conte son amour et ses fiançailles et son espoir d'une paire de bœufs pour entrer en ménage! Et Mabik Rémond, le ramoneur imagier, le naïf *peintureur* de saints, qui a barbouillé à fresque « Monsieur Saint-Yves » dans toutes les fermes du Trégor, et la vieille Monik, cardeuse d'étoupes et pèlerine de profession, et Yann Ar-Minouz, ce type disparu de poète errant, de barde équipé en mendiant, qui courait les foires et les pardons de la basse Bretagne, le havresac bourré de chansons. Prophète mélancolique, il annonçait la mort prochaine de l'art vagabond des « jougars » : « Les temps viennent où c'en sera fini des belles *gwerz* aimées de nos pères et des *sônes* délicieuses qui, jusque sur la lèvre défleurie des aïeules, sonnent aussi gai qu'un oiseau de printemps ».

J'arrêtais, le soir tombant, ma lecture sur cette prédiction triste, lorsqu'à ma gauche, sur une colline, pointa le clocher de Pouguiel. J'arrivais. A droite, la tour de Saint-Michel, belle ruine peuplée de corneilles, se dressait en plein champ. Bientôt je m'engageai dans une de ces longues rues bordées de couvents qui font la grave physionomie de Tréguier. Et après un détour, au fond d'une place plantée d'arbres, je vis sur le ciel pâle se profiler la silhouette grise de la cathédrale. Énorme et lourde masse dans cette nuit commençante qui laisse à peine deviner les découpures de la pierre. Elle domine, elle écrase tout, altière au milieu de cette ville épiscopale dont elle fut la vie. J'entre ; tout est légèreté. Une voûte gothique de près de vingt mètres d'élévation, où se croisent des nervures qui retombent sur des faisceaux de colonnettes ; un triforium aux arcatures élancées, allégées encore par les moulures de leurs archivoltes ; de hautes fenêtres où les lobes de trois ogives se combinent avec des trèfles ; un chœur enfin où les ciselures ont évidé le granit.

J'ai avec moi les *Notes d'un voyage dans l'Ouest*, de Mérimée, recueil de dissertations archéologiques nues et plates. C'est bien de quoi justifier la boutade de Barbey d'Aurévilly : « Planche a inventé Mérimée, et c'est sur cette planche qu'il a vécu toute sa vie. » Ce sec Mérimée n'était point fait pour sentir l'idéal breton. Je n'oublie pas que ces *notes* sont extraites d'un rapport à « Monsieur le ministre de l'intérieur ». Mais, imaginez une pareille étude sous la plume d'un Michelet. Un souvenir me revient, une page de la *Mer* sur ce sol et cette race, « race rude, de grande noblesse, d'une finesse de caillou ».

Mais c'est Renan qui me hante, à mesure que je reconnais les lieux décrits par lui dans ses *Souvenirs*. Il y a un instant, passant vers l'hôpital, je l'ai vu collégien, avec son ami Guyomar, traçant à la craie des figures et des calculs sur les portes cochères. Et voici que, dans cette église où il entra tant de fois, sa pensée m'obsède. Je me le figure là, tout enfant, agenouillé dans la nef. Il est venu avec sa grande sœur ; il a traversé la place ombragée d'arbres, dissimulant sous le châle d'Henriette le défaut de son vêtement usé. Il prie. Dix, quinze, vingt ans après, il priera encore, et puis il doutera, et puis il niera. Et pourtant, marqué d'un indélébile sceau religieux, cathédrale désaffectée, a-t-on dit, il comparera son cœur à « une ville d'Is qui sonne des cloches obstinées à convoquer aux offices des fidèles qui n'entendent plus ».

Le lendemain, au *Minihi,* je ne cesse pas de le voir dans cette petite chapelle de Saint-Yves où, à la mort de son père, sa mère le conduisit. Il m'apparaît enfin au pied de cette tour Saint-Michel, reste d'une église détruite par la foudre, où, le jeudi saint, on l'amenait, les yeux bandés, voir le départ des cloches pour Rome. Elles traversaient l'air en bourdonnant, « par ordre de grandeur, de la plus grosse à la plus petite, revêtues de la belle robe de dentelle brodée qu'elles portèrent le jour de leur baptême ».

Combien de fois Henriette, son aînée de dix-sept ans, se fit-elle la complice de ce mensonge innocent? Ah! sa pensée à elle ne me quitte guère non plus. J'imagine sa grâce frêle de jeune fille, non point jolie, mais charmante de douceur et de langueur fine. Je me la représente pieuse éducatrice de son frère, l'initiant au symbolisme poétique de la dévotion bretonne. Et, sautant une trentaine d'années, je la vois — combien différente d'âme — avec son frère encore, sa compagne de voyage, et en intime « communion morale » avec lui, dans cet Orient d'où il rapportera la *Vie de Jésus!* Je la vois au

Liban, à Ghazir, dans une petite maison tapissée de pampre. « Son Ernest » écrit, elle se penche sur son épaule, elle suit des yeux les pages qui s'ébauchent, elle les prend toutes fraîches, les recopie, les met au net. Et ce livre d'incroyance lui plaît! Elle dit : « Ce livre-ci, je l'aimerai. »

Puis, quelques jours après, elle meurt, et on l'enterre là-bas, sous les palmiers d'Amschit, près de la « sainte Byblos ».

Je méditais sur cette sépulture lointaine, au bord du fleuve Adonis, au pays des mystères antiques, lorsque je vins à traverser le petit cimetière du *Minihi*. C'est dans un enclos bénit comme celui-là, en terre bretonne, tout à côté d'une église, que souvent, sans doute, dans sa jeunesse maladive, elle souhaita de dormir. Alors elle croyait à un au-delà plus sûr que celui que devait lui promettre le vague idéalisme de son frère.

Oh! je n'oublie pas la conclusion de *Ma sœur Henriette* : les saints préservés de la corruption, l'immortalité assurée aux âmes pures « dans le souvenir de Dieu » et la vie même d'Henriette invoquée comme « un précieux argument de ces vérités éternelles que chaque vie vertueuse contribue à démontrer ». Enfin je sais par cœur cette profession de foi finale : « Pour moi, je n'ai jamais douté de la réalité de l'ordre moral, mais je vois maintenant avec évidence que toute la logique du système de l'univers serait renversée, si de telles vies n'étaient que duperie et illusion. »

Le morceau est superbe. Je me le redisais en marchant au milieu de ces tombes paysannes. Je berçais ma pensée au rythme de ces phrases si harmonieusement balancées. Cependant, le prestige du style écarté, j'essayais d'en presser le sens.

Qu'est-ce, dans la métaphysique de Renan, que ce « souvenir de Dieu » où vivent les justes ? Que représente le souvenir d'un Dieu qui se définit l'harmonie totale de l'univers ou le « grand son unique que rendent nos facultés vibrant simultanément » ? En quoi consiste cet « ordre moral » qui nous est affirmé ? Qu'est-ce que l'immortalité d'une âme conçue comme une pure abstraction, comme la loi d'unité de notre personne? Enfin que les vies d'abnégation et de sacrifice puissent être « duperie et illusion », qui donc l'a répété plus souvent que l'auteur des *Drames philosophiques?* Son Prospero estime la vertu une « pièce d'un aloi douteux ». Et lui-même, parlant en son propre nom, avec quelle ironie badine a-t-il évalué l'aléa des « placements vertueux »? Combien souvent a-t-il recommandé à qui ne veut pas être trop « pipé » une « sagesse à deux tranchants », prête également « aux deux éventualités du dilemme », immortalité ou néant, qui se réserve à tout hasard, qui ne gage pas trop sur la vie future?...

Or, cette sagesse-là ne fut pas celle de sa sœur. Il vante son désintéressement sublime, son dévouement héroïque. Elle a donc joué franc jeu, si j'ose dire; elle s'est donc exposée à se trouver parmi les dupes pleinement dupes, si, d'aventure, ce monde n'est autre chose qu'une « mauvaise farce ».

Il faudrait corriger en ce sens la conclusion de *Ma sœur Henriette* pour la mettre d'accord avec la philosophie de Renan.

J'avais dit adieu à Tréguier, je continuais ma route sur Paimpol, encore plein de ces pensées, lorsque collines et vallons m'envoyèrent de toutes parts des appels de carillons. C'était un dimanche. L'office sonnait à tous les clochers d'alentour. Les chemins et les sentiers s'emplissaient de gens au pas pressé. Ils croient, ceux-là, de croyance certaine, à l'au-delà, au paradis, à tous les « bakhchisch illusoires ». C'est peut-être ce qui leur vaut de rester un peuple fort, « toujours frais pour la vie (1) », beau de la beauté des races intactes, non encore marqué de ces scrofules qu'avec un orgueil sot on appelle les mœurs modernes.

(1) Le mot est de Renan lui-même.

AU CIMETIÈRE

DE CLARENS

J'avais visité plusieurs de ces cimetières des Alpes où foisonne la flore montagnarde, avivée, semble-t-il, et épaissie par les sucs du terreau humain. Quand je voyage à pied, je fais quelquefois de ces haltes. Mais ces tombes suisses ou savoyardes m'avaient arrêté plus que d'autres. Plus souvent j'avais poussé l'échalier de branchages et cherché les inscriptions dans les fouillis d'herbes. Il en est de tragiques : « ... tombé au col de.... — ... perdu sous une avalanche.... » Pauvres guides, amoureux de la montagne et tués par elle, disparus, engloutis dans des crevasses, puis rejetés, des années après, parmi les débris de la moraine ! Car le glacier rend ses morts, comme la mer.

Un matin, je descendais les pentes de Glion, toutes bleues de campanules et de cyclamens, et, voyant briller au soleil les marbres du cimetière de Clarens, j'y allai. Cimetière de riches, celui-là, aligné, sablé, fleuri de roses et de géraniums. Combien de ceux qui y dorment étaient venus acheter chèrement un peu de santé au bord du lac tiède, aussi azuré presque que la mer provençale, avec une découpure de rives qui rappelle la Corniche! Là, les croix sont luxueuses, les pierres ouvragées. Devant une tombe de jeune fille, un cailloutis de Carrare met le symbole de sa blancheur. Quelques pas plus loin, un haut personnage russe énumère ses titres sur un granit monumental.

Mais je sais qu'Amiel est couché là, au coin d'une allée; je le cherche. Le voici sous des lierres touffus et des clématites. « Soigné », lui aussi, et « jardiné » comme ses voisins. Pourtant, on dirait que, par une ironie, cette poussière de philosophe nourrit une végétation plus folle. Des herbes drues, des brindilles se mêlent, et l'invasion de ces jeunes pousses semble figurer cette rapide expansion de la vie universelle qu'il admirait avec effroi. Inexorable, disait-il, elle recouvre, déborde, engloutit les êtres particuliers, efface notre existence et annule notre souvenir.

Sur le granit, à travers les lierres grimpants, je déchiffre un verset de saint Paul : « Celui qui sème pour l'esprit moissonne, de l'esprit, la vie éternelle. » (Galates, vi, 8.) Puis, au-dessous, ces quatre mots d'Amiel lui-même : « Aime et reste d'accord. »

D'accord, avec qui? Avec quoi?

Avec la « vie générale » ? comme il l'écrivait à ses heures de spinosisme ou de bouddhisme, lorsqu'il se *réimpliquait* au delà de sa propre existence. Avec Dieu? comme il disait encore, peut-être dans le même sens : « Puisqu'il t'est impossible de sortir de Dieu, le mieux est d'y élire sciemment domicile. »

..... D'accord avec toi-même? Cette maxime condamne sa vie. Pauvre être divisé contre soi, déchiré de contradictions intimes, ses idées luttent entre elles et avec ses sentiments; panthéiste et chrétien, mystique et critique, embrassant de son hégélianisme les contraires sans les concilier. Tout en lui se tient en échec, se neutralise. Renan a bien formulé cette impuissance : « Amiel fut trop hybride pour être fécond. »

Nulle existence, en effet, ne s'écoula plus stérile que celle de cet homme supérieur mort à soixante ans. « Celui qui sème pour l'esprit….. », dit le verset. A-t-il semé, lui qui s'est défini : « l'homme qui ne construit ni ne laboure » ?

Et combien de fois a-t-il confessé, avec son dégoût du réel, son inaptitude aux moindres tâches ! Il entrait sans doute quelque orgueil dans ces aveux. Il en coûte peu à un idéaliste de reconnaître ce qui lui manque de « matière pesante », et il laisse sans regret au commun des mortels les « deux grains de brutalité virile » indispensables à l'ordinaire condition humaine.

Un jour, à son réveil, ce mot lui vint aux lèvres : « L'action n'est que la pensée épaissie. »

C'est aussi l'âme assujettie aux choses, dépendante des buts extérieurs. Or, il fallait à la sienne une liberté altière ; il se voulait affranchi de tout le borné et le passager, en « l'état divin » du silence et du repos, tout à la volupté de prendre conscience de son être et d'écouter « bruire le temps ».

Ainsi fit-il, et, malgré tout, il souffrit. Par une de ces contradictions qui furent son tourment, cette action ostensiblement dédaignée était son rêve. Malade d'idéal, il enviait la santé grossière de ceux qui naissent propres au métier d'homme. Il se classait lui-même parmi les créatures mal venues, que la nature rejette. « Laisse les vivants vivre », se répétait-il. Il ne se voyait pas citoyen, époux, père. Au fond, il avait peur de la vie. Mal armé d'une volonté qui « se désolait de ne pouvoir vouloir », il se sentait d'avance brisé.

Et puis, des scrupules paralysants achevaient l'infirmité de son caractère. Il avait des timidités exquises, mais déplorables. Il craignait, a-t-on dit, de profaner l'idée au contact du fait. Déchoir de son rêve était un crime à ses yeux, un crime qu'il définissait d'un mot quasi brutal. Une telle « défloration » lui semblait « le plus irréparable des viols ».

C'est pourquoi il n'osa aimer, ébauchant des mariages comme il ébauchait des livres. Il estimait l'amour chose si sacrée qu'il frémissait « d'en passer le seuil ». Il y a peu de temps, on se montrait encore, à Genève, les quatre fiancées d'Amiel.

Impropre à la tâche humaine par trop de complications intimes, de délicatesse souffrante et de faiblesse, apte seulement à ce qu'il nommait l'extase spéculative, son œuvre unique est ce

Journal publié après sa mort, qui raconte, heure par heure, l'histoire de sa stérilité. De jolies oscillations de pensées et de sentiments, de beaux élans même parfois, des aspirations vers un infini qui se confond souvent avec le Dieu de l'Évangile, et toujours des arrêts, des impuissances : voilà ce qui s'y lit à chaque page. Et en même temps se poursuit sans s'achever l'étude subtile de ce *moi* infécond qui finit par s'échapper à lui-même, se dissoudre, à force d'analyse.

Sans cesse à la recherche des « dix hommes » qui se contredisaient en lui, le malheureux philosophe se perdait dans sa diversité mobile. Résigné, d'ailleurs, à cette sorte d'évanouissement de sa personnalité; bien plus, dégoûté de sa vie individuelle, — le mot est de lui, — il jouissait de vivre « anonyme ». Il plaisait à cet hégélien de voir se confondre en lui toutes les catégories où s'éparpille l'humanité. Il aimait que son âme fût « la capacité de toute forme ». Mieux encore, ce bouddhiste s'enorgueillissait de servir de théâtre aux prestiges de la Maïa, de se sentir démis de son être, retourné à l'indétermination. Ainsi il se replongeait dans la fluidité première, sans figure; il s'absorbait dans l'universel. Et il lui semblait qu'il était mort de fait.

Bien mort, en effet, si la vie se mesure à l'activité. Quelles énergies la maladie dernière eut-elle à dissoudre en ce contemplatif déjà entré dans le *nirvâna?*

Il aimait les cimetières, il y venait souvent, il y voyait « le fond et le rehaut de tout ». Il avait souhaité de reposer dans celui-ci, dans cette « oasis » de Clarens, parmi ces splendeurs de paysage, sous ces fleurs, au bord de cet « azur amoureux » du Léman.

> Calme Eden, parvis discret
> Qui fleurit toute l'année...

« Ici la mort ressemble au sommeil, et le sommeil à l'espérance. »

Sa tombe est modeste; une pierre sans ciselure aucune, un peu lourde seulement. Je l'eusse voulue moins massive. Ce bloc pèse trop sur ce qui fut si débile.

FIN

TABLE DES MATIÈRES

	Pages.
Taine	1
Barbey d'Aurévilly, critique	47
Les paysanneries de Guy de Maupassant	65
Pierre Loti	85
M. Eugène Lintilhac et *Gil Blas*	113
Un nouveau livre sur Joseph de Maistre	135
L'impressionnisme des Goncourt	157
Les *Pages rouges* de Mme Séverine	175
D'abord, vivre! par Charles Vincent	185
M. Ollé-Laprune et sa philosophie de la vie	195
La jeunesse de Berryer	217
Le Père Ollivier	225
M. Waldeck-Rousseau orateur	239
Un mot sur Michelet à propos d'un recueil de *Pages choisies*, par M. Seignobos	251
A propos du buste de Jules Tellier	257
Bibliothèque de campagne	265
Pèlerinage à Tréguier	277
Au cimetière de Clarens	287

26 Juni 85

www.ingramcontent.com/pod-product-compliance
Lightning Source LLC
Chambersburg PA
CBHW071130160426
43196CB00011B/1853